Michael Scheible: „Im Jahr 1961 wurde ich in Stuttgart-Bad Cannstatt geboren. Nach erfolgreichem Schulabschluss und Ausbildung in der Finanzverwaltung bin ich seit 1981 als Finanzwirt in der Steuerberatung tätig. 1984 heiratete ich meine Frau Elke. Drei Jahre später kam unser Sohn Heiko zur Welt. Zwei Jahre danach wurde unsere Tochter Sonja und 1998 unser Jüngster, Hannes, geboren. Heiko kam 1996 bei einem Verkehrsunfall ums Leben. Seine Schwester Sonja überlebte den Unfall mit lebensgefährlichen Verletzungen. Nach Wochen erwachte sie aus dem Koma und wurde uns dadurch ein zweites Mal geschenkt. Ich möchte allen danken, die uns in der größten Ausnahmesituation des Lebens begleitet haben. Ich wünsche den Menschen Mut für tröstende Worte und die Kraft, Begegnungen mit Trauernden nicht auszuweichen."

Michael Scheible

Herbstlaub im Frühling

Ein Vater trauert um sein Kind

Friedrich Bischoff Verlag, Frankfurt

ISBN 3-935452-43-8

Umschlaggestaltung: R·M·E, Roland Eschlbeck / Rosemarie Kreuzer
Umschlagfotos: Motiv oben © Photonica, Motiv unten © Getty Images
Satz: Factory Two Desktop Publishing GmbH, München
Druck: Friedrich Bischoff Druckerei GmbH, Frankfurt am Main
1. Auflage 2003

Code-Nr. 4311

Für meine liebe Frau,
für Sonja,
für alle,
die lernen müssen,
mit dem Verlust eines
lieben Menschen zu leben.

Inhaltsverzeichnis

Prolog

Der Friedhof schließt, wenn die Sonne untergeht. Im Winter kann ich deshalb nach Feierabend nicht mehr zu Heiko gehen. Immer stärker wurde das Bedürfnis in der dunklen Zeit, auf dem Heimweg anzuhalten und einzukehren in diesen Ort der Stille. Mich auf mein Leben besinnen, mich an sein Leben erinnern.

Endlich Frühling. Ich stelle mein Auto ab. Gehe den Weg zum Grab meines Kindes. Vertraut ist mir jeder Schritt. Wieviel hundert Mal schon gegangen in den letzten Jahren?

Der Wind jagt die Wolken. Sie verschmelzen und trennen sich wieder. Neue Formationen quellen auf und werden zerrissen. Wie Schemen tauchen sie auf und vergehen.

Das Schreien, Locken und Turteln der Vögel begleitet mich. Sie verteidigen ihren Nistplatz, paaren sich. An Hecken und Sträuchern platzen die Knospen auf. Der warme Regen wischt frisches Grün über die Zweige. Am Ort der Toten. Hier ist unser Kind begraben.

Oft wollte ich fliehen, wenn ich mich diesen Weg entlangschleppte. Heute bin ich zum ersten Mal gerne hier. Mein Kind hat mich mit leiser Stimme gerufen. Ganz tief in mir drin. Ich bin der Stimme gefolgt und setze mich auf eine Bank.

Meine Familie

Freitagabend. Arbeitsschluss. Greifbar nahes Wochenende. Nach anstrengenden Tagen eine kleine Pause. Ich fahre nach Hause, rangiere mein Fahrzeug in die schmale Zufahrt zu unserem Haus. Bestimmt werde ich schon erwartet. Halt! Ich bremse und muss lächeln: Heikos Fahrrad liegt mir einmal wieder im Weg. Er hat es zu seinem neunten Geburtstag bekommen. In den Ferien ist er damit viel unterwegs. Ich steige aus und stelle es zur Seite. Mein kleiner Entdecker hatte es mal wieder sehr eilig. Auf dem Gepäckständer ist noch sein kleines Plastikaquarium festgeschnallt. Es ist leer. Ständig ist dieser Behälter im Einsatz. Heiko sammelt darin Insekten und Pflanzen. Er beobachtet darin Tiere, versorgt sie mit Gras und Luft und lässt sie nach einiger Zeit wieder frei. Alles Mögliche hatte er schon in diesem Behältnis. Maikäfer haben darin auf ihre Freiheit gewartet und eine Nacht auf Heikos Nachttisch verbracht. Ameisen mit ihren Larven, Hummeln, Raupen, Käfer und Bienen wurden gesammelt und erforscht. Das genaue Aussehen der Schmetterlinge hätte er zu gerne darin untersucht, aber sie taten ihm immer Leid. Weil sie dann vielleicht verletzt würden und nicht mehr hätten fliegen können.

In der letzten Woche hat er auf den Feldern mit seinem Schulfreund Grillen gesammelt. Sie wurden in unserem großen Garten ausgesetzt und geben abends hemmungslos Konzerte. Unsere Nachbarn wundern sich über die Musik.

Meine Spannung steigt. Was haben Heiko und Sonja heute wohl wieder erforscht? Ich schließe das Auto ab und gehe um das

Haus herum in den Garten. Vorbei an dem schwarzen Strich, den mein Sohn an der neu gestrichenen Hauswand gezogen hat. Aus Versehen mit dem Lenker seines Fahrrads. „Hallo, Kinder, jetzt bin ich ein Wochenende bei Euch, es ist Freitag!" „Papa, komm schnell und sieh mal, was wir gefunden haben." Heiko und Sonja rennen mir auf dem Gartenweg entgegen. Beide formen mit ihren Händen kleine Höhlen. Durch wessen Hände soll ich zuerst in die dunkle Höhle blicken? Vor jedem Auge habe ich ein Paar Höhlenhände. Vorsichtig öffnen sich die mir entgegengestreckten Finger. Große Marienkäfer krabbeln in den Händen. Die Kinder schließen ihre Höhlen schnell wieder, damit die Käfer nicht wegfliegen.

Der Sommertag hat Spuren hinterlassen: Die Fingernägel der Kinder sind mit dunklen Rändern untermalt. Mit leuchtenden Augen erzählen die beiden, was sie heute alles getan haben: Über die umgedrehten Gartenstühle und Liegen haben sie Decken ausgebreitet und ein kleines Lager gebaut. Die Himbeeren und Tomaten sind reif und wurden heute ausgiebig genascht.

Die Kinder waren mit den Fahrrädern unterwegs. Heiko hat sein kleines Blumenbeet schon gegossen und das Unkraut herausgezupft. Wir freuen uns, dass wir jetzt wieder beisammen sind. Ich sehe die strahlenden Augen und die Freude in den Gesichtern. Sonja ist sechs Jahre alt. Sie und ihr Bruder sind unzertrennlich. Beide haben dieselben blonden Haare und blauen Augen. Heiko ist der Forscher, seine Schwester die einzige, wissbegierige Assistentin.

Den Abend verbringen wir im Freien. Im großen Kamingrill brennen bald die Holzkohlen. Wir grillen und essen im Garten. Die Sonne geht unter. Heiko und Sonja stecken dünne Aststücke in die Reste der Glut. Sie tragen die rauchenden Hölzchen durch den Garten. Dann spielen sie unter Büschen und Bäumen „Verstecken". Das Lachen der Kinder ist weit zu hören, wenn sie sich in der Dämmerung nach der Suche wieder gefunden haben. Ich sitze mit meiner Frau auf der Terrasse. Wir hören den Vögeln zu. Ein Amselhahn sitzt auf dem Dachfirst und flötet im Fortissimo sein Abendlied. Eine kleine Haselmaus, die hinter der Steinmauer wohnt, kommt neugierig aus ihrem Versteck. Sie knabbert an den Resten der großen Sonnenblume. Die Kinder hatten vor einigen Tagen die volle, körnerschwere Blüte abgeschnitten und in Sichtweite abgelegt, damit sie das Tier abends beobachten können. Jeden Abend huscht die Maus aus ihrem Versteck und holt sich ihre Abendmahlzeit. Heiko erinnert mich daran, dass ich unbedingt ein Bild von der niedlichen Maus machen muss. Ich warte mit der Kamera. Schussbereit. Jetzt ist der beste Moment. Das Tierchen erstarrt kurz unter dem Blitzlicht. Schnell huscht es in Sicherheit. Hinter die Ritzen der groben Natursteine, die ich erst im Frühjahr mit Heiko bepflanzt habe. Vorsichtig hat er immer wieder die zarten Pflänzchen gegossen, damit die frische Erde nicht ausgewaschen wurde.

Am Sonntag sind wir bei unseren Freunden eingeladen. Sie wohnen in der Nähe. In ihrem Garten am Haus sind viele Früchte reif. Die Kinder essen begeistert. Sonjas blonde Haare tauchen immer wieder zwischen den Sträuchern auf. Sie sucht mit Heiko zusammen Beeren. Erst am späten Nachmittag lässt die Kraft der Sonne etwas nach. Jetzt wird es nach der großen Hitze des Tages richtig gemütlich. Wir sitzen im Schatten und reden zusammen über alle möglichen Dinge. Heiko und Sonja spielen im Garten. Der Besuch wird für sie noch interessanter, als sie hören, dass ein Igel im Garten unserer Freunde wohnt. Er kommt immer abends aus seinem Versteck an der Garage. Wir lachen und erzählen.

Ein Thema beschäftigt uns an diesem Abend: Nur noch eine Woche bis zum Urlaub! Weil Heiko schon seit Jahren an Asthma leidet, hoffen wir, dass ihm die Meeresluft an der Nordsee hilft. Schon vor einem Jahr haben wir uns angemeldet. Jetzt wird die Vorfreude auf den nahen Urlaub immer größer. Wir überlegen, wie wohl die erste große Fahrt unserer Kinder zu einem so weit entfernten Ziel verlaufen wird. So lange waren wir noch nie gemeinsam unterwegs. Bald wird es dunkel, im Schein der Schwimmkerzen sind die Blicke der Kinder nur auf den Punkt gerichtet, an dem der Igel erscheinen soll. Aber er kommt leider nicht. Spätabends gehen wir heim. Zu Fuß etwa zehn Minuten. Sonja ist müde, ich setze sie mir auf die Schultern, Heiko geht neben uns. Plötzlich entdecken wir die vielen Sterne am klaren Abendhimmel.

„Papa, wie weit sind die Sterne von uns entfernt? Wie sieht es dort aus? Scheint dort auch die Sonne? Ist es dort warm? Wer passt auf, dass sie nicht zusammenstoßen?"

„Heiko, sie sind Tausende von Kilometern auseinander. Es sieht nur von der Erde so aus, als würden sie zusammenstoßen. Mach dir keine Sorgen. Alles ist so ausgerichtet, dass nichts passiert. Die Sterne am Himmel gehen den für sie bestimmten Weg. Seit sehr langen Zeiten. Nur auf dem Mond sind schon Menschen gewesen. Als der erste Mensch den Mond betreten hat, war ich ungefähr so alt wie du. Wir konnten damals im Fernsehen zuschauen, wie die Rakete gestartet ist, wie die Raumkapsel sanft auf dem Mond aufgesetzt hat und wie schließlich die Astronauten wieder zur Erde zurückkehrten. Sie landeten im Meer."

Morgen will meine Frau mit den Kindern ihre Schwester besuchen. Sie wohnt mit ihrer Familie 60 Kilometer von uns entfernt. Die beiden möchten sich noch einmal vor dem Urlaub sehen. Für mich beginnt morgen die letzte Arbeitswoche.

Der schlimmste Tag

Ich schrecke schweißnass auf. Es ist noch dunkel. Mein Herz rast und stampft. Ich spüre mein Blut durch die Adern pulsen, schlage verstört die Bettdecke zurück. Der Schlafanzug klebt an mir. Ein Blick auf den Wecker: Fünf Uhr. Im Traum war ich bei einer Beerdigung. Ich weiß nicht, wo sie stattgefunden hat. Auch hat mir niemand gesagt, wer gestorben war. Der Schlaf ist verloren. Gedankenfetzen jagen durch den Kopf und beschäftigen mich. Warum das Hirngespinst einer Beerdigung? Ich liege auf dem Bett, spüre die Kühle des Morgens auf der Haut. Die Zeit bis zum Aufstehen wird lang, ich wälze mich ruhelos herum und hänge meinen Gedanken nach. Allmählich verblassen die Eindrücke des Traums, die Schemen weichen. Endlich Zeit, das Bett zu verlassen. Montag, der 12. August 1996! Ferien für die Kinder und bald auch Urlaub für mich! Gerne gönne ich meiner Familie den Schlaf. Sie haben ja Ferien. Am Vortag waren wir wegen des Besuchs bei den Freunden alle spät schlafen gegangen. Der Regen trommelt gegen das Fenster. Ich stehe auf.

Am Arbeitsplatz kommt der Albtraum zurück. Nichts läuft von der Hand. Überall Hektik. Die hohe Luftfeuchtigkeit lähmt mich und macht meinem Kreislauf zu schaffen. Ich komme mit der Arbeit nicht voran. Um 9.30 Uhr ruft mich meine Frau an. „Ich fahre jetzt doch noch zu meiner Schwester, eigentlich habe ich keine Lust. Ich hätte noch so viel zu tun vor dem Urlaub. Aber sie möchte uns noch einmal sehen, jetzt gehen wir eben. Und die Kinder freuen sich auf die Hasen, die sie heute sehen dürfen.“ In mir schreit es: „Fahre nicht!“ Ich würge die innere Stimme ab. Warum soll ich sie zurückhalten? Es spricht nichts gegen diese Fahrt – außer meinem unguten Gefühl. Ich kann es mir nicht verkneifen, sie zu ermahnen: „Pass bitte auf im Verkehr, es regnet. Kommt alle wieder gut heim, bis heute Abend.“

Selten habe ich meine Frau so erlebt. Sie macht auf mich einen niedergeschlagenen Eindruck. Liegt das am Wetter? Stehen wir heute alle neben uns? Warum geht es uns beiden gleich? Meine Gedanken quälen mich und führen mich immer wieder weg von der Arbeit. Ich kann mich nicht konzentrieren.

Kurz nach zwölf Uhr läutet mein Telefon.

„Guten Tag, sind Sie Herr Michael Scheible?“

„Ja, warum? Mit wem spreche ich?“

„Ich bin Stationsarzt im Kreiskrankenhaus. Ihre Frau ist bei mir. Sie hatte einen Unfall. Es ist ihr nichts Schlimmes passiert. Ich werde sie noch einige Zeit zur Beobachtung hier behalten. Morgen kann sie wieder nach Hause.“ Ich atme tief durch. Das kann doch nicht sein. Karussell der Gedanken. Zwinge mich, zuzuhören. Die Stimme am anderen Ende scheint auf einmal weiter weg zu sein.

„Warum, ich verstehe nicht, ist sie verletzt?“ Um Gottes Willen, hoffentlich nicht!

„Kann ich mit ihr reden? Warum ruft sie nicht selbst an?“

„Nein, das geht jetzt nicht. Sie ist im selben Raum und hört das Gespräch mit. Sie hat nur leichte Verletzungen und Prellungen. Bitte kommen Sie, wenn es möglich ist, bald hierher. Wissen Sie, wo das Krankenhaus ist?“ Die Klinik ist auf der halben Strecke, die meine Frau zu fahren hatte. Ich denke: Mensch, meine Kinder! Der sagt nichts. Mein Herz rast wie verrückt.

„Bitte sagen Sie mir, was ist mit den Kindern, die im Auto meiner Frau mitgefahren sind?“ „Sie sind gut aufgehoben und wurden in die Universitätsklinik gebracht. Das Krankenhaus wird sich bei Ihnen melden."

„In Ordnung, ich nehme mir frei und komme bald. Bis später, grüßen Sie bitte meine Frau." Ich lege den Hörer auf. Eine wahnsinnige Unruhe befällt mich. Was ist mit meinen Kindern, was kann ich nur tun? Ich tröste mich mit dem Gedanken, dass sie in der anderen Klinik gut versorgt sind. Vielleicht war in dem Krankenhaus, welches meine Frau aufgenommen hat, kein Platz für alle und sie sind deshalb getrennt? Komisch. Ich grüble. Bin allein mit mir. Neuer Gedanke: Telefonauskunft. Frage nach der Nummer der Universitätsklinik. Ich war noch nie in jener Stadt, habe keine Ahnung, dass es dort zig Krankenhäuser gibt. Jetzt weiß ich es. Werde über die Zentrale mit vielen angeschlossenen Häusern verbunden. Frage nach meinen Kindern. Nenne ihre Namen. Beschreibe ihr Aussehen. Ihr Alter. Rufe hilflos ins Telefon, dass sie nach einem Unfall in irgendein Krankenhaus eingeliefert worden sein müssten. Mehr weiß ich ja nicht. Meine Gesprächspartner wissen es auch nicht. Ich frage mich durch viele Stationen des Klinikums.

Endlich ein Treffer. „Ja, da ist ein Kind, wie Sie es beschreiben. Es wird gerade operiert, am besten, Sie kommen bald."

Wieder Wegbeschreibung. Zitternde Hände. Angst. Warum nur ein Kind? Und das andere? Zum zweiten Mal lege ich auf. Meine Hände und Beine sind ganz kalt. Ich atme kurz. In meinem Kopf hämmert es. Alles dreht sich, mir ist schwindlig. Gut, dass ich sitze. Jetzt nur nicht aufstehen. Oh Gott, was ist da passiert? Hilf doch, dass meiner Familie nichts Schlimmes zugestoßen ist und alles wieder gut wird!

Inzwischen ist Mittagspause und meine Kolleginnen werden aufmerksam, weil ich so lange telefoniere.

Das bruchstückhafte Wissen befriedigt mich nicht, macht meine Angst noch größer. Ich versuche, bei der Polizei mehr über den Unfall zu erfahren.

Das Polizeirevier, in dessen Zuständigkeitsbereich ich den Unfallort vermute, gibt mir die Auskunft: Die Unfallaufnahme wird von der Polizeidirektion übergenommen. Ich erfrage die Telefonnummer. Wenn sogar die Direktion dafür zuständig ist – da ist Furchtbares passiert!

Ich versuche, den zuständigen Beamten zu erreichen. Wieder eine Odyssee am Telefon, niemand will mir Auskunft geben. Drei Mal werde ich weitergereicht. Endlich jemand, der mit mir redet. Sehr vorsichtig.

„Es war ein sehr schwerer Verkehrsunfall."

„Was ist mit meinen Kindern?"

Stille.

„Es waren zwei Kinder im Wagen. Ich weiß, dass eines in der Uni-Klinik ist. Was ist mit dem anderen Kind? Warum sagt mir niemand, was los ist?"

Ich schreie es in den Hörer. Meine Stimme klingt so anders. Ich meine, nur noch aus einem dröhnenden Kopf zu bestehen. Spüre nichts mehr.

„Das darf ich Ihnen nicht am Telefon sagen."

„Sie dürfen mir alles sagen, ich halte mich für stark genug, alles ertragen zu können, was Sie mir sagen. Aber jetzt bitte die ganze Wahrheit."

„Leider ist ein Kind bei dem Unfall gestorben. Eines ist schwer verletzt."

„Welches Kind lebt noch?"

„Ich weiß es nicht." Meine Seele friert ein. Mir stockt der Atem. Die schlimmste Ahnung hat sich bestätigt. Wie ein Roboter lege ich den Hörer auf. Nach der dritten Hiobsbotschaft heute.

Kurz darauf klingelt das Telefon. Es ist der Polizist, mit dem ich eben gesprochen hatte.

„Wenn Sie sich auf den Weg zu Ihrer Frau machen, fahren Sie bitte nicht selbst. Haben Sie jemand, der Sie dort hinbringt? Das wäre gut."

Ich lege auf.

Meine Gedanken und Gefühle drehen sich im Kreis. Ich bin wie gelähmt, orientierungslos in der neuen Situation. Kann mich nicht zurechtfinden.

Meine Zimmertüre ist nur angelehnt. Ich schreie: „Ich habe eben ein Kind verloren. Ich weiß nicht, ob es Heiko oder Sonja ist."

Es bricht aus mir heraus, ich muss es allen sagen, die herbeistürzen und jetzt um meinem Schreibtisch herumstehen: „Heute Morgen bin ich aufgewacht, bevor der Wecker läutete. Ich war im Traum bei einer Beerdigung. Als hätte ich es geahnt."

Die Mitarbeiterinnen können es nicht glauben. Es ist so unglaublich hart, so gnadenlos traurig. Ich kann nicht weinen, bin wie in Trance. Funktioniere mit bebendem Inneren. Leere. Flucht. Nichts wie weg. Zweifle an mir selbst. Stimmt das eigentlich, was dir da eben gesagt wurde oder spielt dein Verstand verrückt?

Mein Chef ist inzwischen von der Mittagspause zurückgekommen. Er ist sehr betroffen, die Kolleginnen weinen. Dankbar nehme ich das Angebot meines Arbeitgebers an, mich zu meiner Frau zu fahren.

Der Weg ins Krankenhaus. Tausend Gedanken wirbeln mir während der nicht enden wollenden Fahrt durch den Kopf. Nicht auszudrücken. Angst: Wie wird dieser Tag weitergehen? Wie geht das Leben weiter? Was werde ich antreffen? Mit welchem Kind werden wir das Leben teilen, welches ist tot? Ich kann es mir einfach nicht vorstellen. In ihrem kurzen Leben waren sie unzertrennlich. Jetzt soll alles vorbei sein? Ich will glauben, es sei alles ein Traum und der grausame Spuk gleich wieder vorbei. Meine Nerven schützen mich, stellen die Realität in Frage.

Im Auto rede ich endlos über die neue Situation. Mein Chef fährt. Er weint mit mir. Ich belaste ihn unendlich. Aber darauf kommt es eigentlich nicht mehr an.

Im Krankenhaus angekommen, fragen wir uns durch zu der Station, auf der meine Frau liegt. Wie geht es ihr wohl? Was weiß sie von dem Unglück? Wie wird sie mich empfangen? Kann sie sprechen? Was soll ich sagen? Stimmt es wirklich, was ich gehört habe? Bin ich zu aufgeregt gewesen und habe nicht alles richtig verstanden? Ich bin ein Fragezeichen nach innen und außen. Mein Chef begleitet mich durch die langen Flure der Klinik. Ich gehe schnell, habe nur ein Ziel: Das Zimmer meiner Frau.

Auf der Krankenstation erwarten mich zwei Polizeibeamte, ein Mann und eine Frau. Beide sind einige Jahre jünger als ich.

Ich gehe auf den Uniformierten zu. „Guten Tag, ich bin Herr Scheible. Ich wurde vom Stationsarzt benachrichtigt, dass meine Frau hier ist.“ Der Polizist gibt mir die Hand.

„Wissen Sie schon, was passiert ist?“

„Ja, aber niemand sagt mir, welches Kind wir verloren haben. Können Sie mir Auskunft geben – ist es der Junge oder das Mädchen?“

In ihm arbeitet es. Er schaut mich lange an, dann sagt er ganz langsam:

„Ja, es ist der Junge.“

Ich versuche es zu begreifen. In Sekunden läuft ein Film vor mir ab, der nur aus Gefühlen besteht. Alles, was neun Jahre füllen kann. Mein lieber Bub, auf den ich so stolz bin, der niemand ein böses Wort gibt und immer gut aufgelegt ist. Ein fröhliches Kind, das sich für seine Welt interessiert und immer darauf bedacht ist, sinnvolle Dinge zu tun. Ich stehe da und starre auf den grauen Boden. Alles leer, keine Träne hat Platz. Schocktrauer.

Ich reiße mich aus den Gedanken.

„Weiß meine Frau, wie es um die Kinder steht?"

„Nein, sie ist im Zimmer neben uns. Sagen Sie es ihr bitte."

In mir wird es noch ein Stück kälter. Alles krampft sich zusammen. Mir wird sterbenselend.

Wie werde ich wohl meine Frau antreffen? Selbst ihr hat man die Wahrheit noch vorenthalten. Jetzt muss ich alle Kraft zusammennehmen. Entschlossen drücke ich die Klinke der Krankenzimmertüre herunter. Betrete vorsichtig das Zimmer.

Sie liegt im Krankenbett. Wir fallen uns in die Arme. Ein rascher Blick überzeugt mich: Keine äußerlich sichtbaren Verletzungen. Man hat mir die Wahrheit gesagt. Mir fehlen die Worte, ihr das Entsetzliche zu sagen.

„Ich weiß nicht, was passiert ist. Ich habe das Fahrzeug an der Ampel angehalten, weil sie auf Rot umgeschaltet hat. Den Kindern habe ich noch gesagt: ‚Schade, es wird rot.' Dann wurde es dunkel um mich. Als ich wieder zu mir kam, habe ich hinter mich geblickt. Ich sah die Kinder auf dem Rücksitz. Sonja hat geblutet. Immer wieder kam ein Schwall Blut aus ihrem Mund. Dann kam jemand und hat den Sicherheitsgurt durchgeschnitten. Sie wurde aus dem Auto gehoben. Heiko hatte die Augen geschlossen. Aber er hat nicht geblutet. Ich konnte im Auto nicht mehr aufrecht sitzen, lag auf dem Lenkrad. Über mir war das Dach eingedrückt.

Ich hatte ganz schlimme Kopfschmerzen, konnte mich alleine nicht aufrichten. Jemand hat mir aus dem Fahrzeug geholfen. Dann haben mich die Leute weggeführt. Ich war etwas benommen. Sie legten mich auf den Boden in einer Garage. Ich hörte das Geräusch eines Hubschraubers. Nach einiger Zeit wurde ich in einen Krankenwagen geschoben und hierher gebracht. Ich sagte: ‚Lassen Sie mich bitte bei meinen Kindern.' Aber niemand hat mich zu ihnen gebracht. Weißt Du, wo sie sind? Da muss etwas ganz Schlimmes passiert sein."

Ich sehe ihr lange in die Augen.

Im Hals steckt ein dicker Kloß. Er drückt.

Wir kennen uns schon 14 Jahre.

Verstehen uns ohne Worte.

Ich kämpfe mit den Tränen.

„Weißt Du, was war?"

„Ja, Schatz, wir müssen jetzt ganz stark sein."

„Ist es schlimm?"

„Ja. Leider ganz arg schlimm."

„Ist ein Kind gestorben?"

„Ja."

„Welches?"

„Heiko."

„Er hat so friedlich ausgesehen. Sonja hat ganz schlimm aus der Nase und dem Mund geblutet ... Mein lieber Junge. Das darf nicht wahr sein."

Wir weinen. Es tut gut, endlich das Unfassbare zu teilen. Sie hat diese wunderbaren Kinder zur Welt gebracht.

„Wie geht es dir?"

„Ich habe ganz starke Kopfschmerzen, mir tut alles weh. Das rechte Bein ist geschwollen und blau. Blutergüsse. Ich darf nicht aufstehen."

Im Zimmer liegt auch eine alte Patientin. Sie hört schlecht. Immer wieder schaut sie zu uns herüber. Sie merkt, dass hier etwas Trauriges passiert sein muss. Ich erlöse sie von ihrer Ungewissheit, gehe zu ihr und sage ihr laut ins Ohr:

„Unser Bub ist bei einem Unfall gestorben."

„Ach Gott", sagt sie und weint mit uns.

Nach zehn Minuten kommt eine Krankenschwester und bittet mich hinaus. Ich erfahre, dass die Polizisten bald Schichtwechsel haben. Die Beamten warten auf mich.

„Wir müssen zusammen noch etwas erledigen. Bitte begleiten Sie uns."

Ich denke, sie gehen mit mir auf das Polizeirevier.

Mein Chef blickt mich an: „Sie haben noch einen weiteren schweren Gang vor sich."

Er hat in der Zwischenzeit mit den Polizisten gesprochen. Ich ahne jetzt, dass die Fahrt nicht zum Polizeirevier, sondern zum Friedhof geht.

Ich muss mich von meiner Frau verabschieden, sie allein lassen mit ihrem Schmerz und Leid. Sie hat in der Zwischenzeit ein Telefon bekommen. Ich schreibe die Nummer auf einen Fetzen Papier und verspreche, sie ganz bald anzurufen. Ich will auch noch zu Sonja und nach ihr sehen. Wie geht es ihr und wie schwer ist sie verletzt?

So viel wollte ich meiner Frau jetzt sagen, mit ihr reden und schweigen. Man lässt uns keine Zeit dazu. Angst kriecht ins Herz. Der nächste Schlag an diesem furchtbaren Tag saust auf mich herab.

Auf dem Flur sehe ich an mir hinunter: Heute Morgen habe ich eine schwarze Hose und ein weißes Hemd angezogen. Unbewusst. Wie passend. Wir gehen zum Parkplatz. Der Streifenwagen steht schon an der Ausfahrt. Mein Chef holt das Auto und wir fahren hinterher. Zum Friedhof, fünf Kilometer. Eine Ewigkeit. Ich schweige, weil die Angst immer schlimmer wird.

Ich habe noch nie ein totes Kind gesehen. „Sei stark!", hämmert es in meinem Kopf. Ich bin auf dem Tiefpunkt, als wir am Friedhof ankommen. Der Regen hat nachgelassen. Die Schwüle drückt. Kaum Luft zum Atmen. Mir ist schwindlig.

Die Beamten begleiten uns.

Sie schweigen.

Das schmiedeeiserne Tor, ein leicht ansteigender Weg zum Leichenhaus. Der furchtbare Weg, von großen Bäumen überspannt. Die Erde dampft.

Zwei Frauen stehen am Wegrand und reden miteinander. Als wir an ihnen vorbeigehen, schauen sie uns nach. Wir sind ein seltsames Quartett auf dem Dorffriedhof.

Dann durchbreche ich das Schweigen und frage den Uniformierten:

„Können Sie sich in meine Situation versetzen? Wir haben dieses Kind geliebt. Erst vor einigen Wochen habe ich sein gutes Zeugnis unterschrieben. Er war einmalig. Es war so schön, ein solches Kind haben zu dürfen. Er und seine Schwester, sie waren immer zusammen."

Er nickt mir schweigend zu. Seine Kollegin schaut mich nur an, sagt nichts.

Wir sind am Friedhofsgebäude angekommen. Unter der Tür muss ich stehen bleiben. Ich glaube, meine Füße versagen jetzt den Dienst. So flau war mir noch nie. Das Herz schlägt so laut, dass alle um mich herum es hören müssen. Der Motor in meiner Brust stampft und hüpft, ich atme nervös. Wieder dieses Kribbeln in den Armen und Beinen. Wie vor Stunden, als ich schrittweise von der Tragik des Unfalls erfahren habe. Ich stehe still und bete leise mit ineinander gepressten Händen. Gott möge mir ganz besonders viel Kraft geben für das Schlimmste, das jetzt kommt. Es ist mir egal, ob und wie mich jetzt die anderen Menschen sehen. Ich brauche das jetzt.

Inzwischen ist der Schlüssel für die Tür zur Leichenhalle geholt worden. Ich reiße mich zusammen und trete ein. In dem Raum ist es dunkel. Meine Begleiter schalten das kalte Neonlicht an. Am Ende des Raums sehe ich auf dem Boden einen grauen Notsarg stehen. Ich schlucke, kneife die Augen zusammen.

Jetzt!

Die beiden Polizisten öffnen den Deckel des grauen Notsargs. Ich halte den Atem an, sehe nur die behelfsmäßig übergeworfenen Decken, mit denen die Sanitäter wohl am Unfallort Heikos Leiche zugedeckt haben.

Die Polizisten schlagen die Decken zurück.

Ich bin überrascht.

Heiko sieht so friedlich aus! An ihm sind keine Anzeichen von Verletzungen sichtbar. Wenn er in einem Bett liegen würde, könnte man meinen, er schlafe nur. Die beiden Uniformierten treten zur Seite. Der Mann fordert mich auf, näher zu kommen und Heiko zu identifizieren.

„Das sehe ich schon von hier aus. Leider ist es mein liebes Kind. Ich kenne jeden Zentimeter an ihm, ich habe seine Entwicklung verfolgt, seit es ihn gibt. Das sind seine neuen Turnschuhe, die wir für den Urlaub gekauft hatten. Das schöne gelbe Hemd mit den kurzen Ärmeln hat er heute zum ersten Mal an. Mein lieber Junge."

Ich betrachte ihn ganz genau. Seine Augen sind nur einen ganz kleinen Spalt geöffnet.

Das darf doch alles nicht wahr sein!

Ich bleibe stehen, bis sie den Sarg wieder geschlossen haben. Verlasse mein Kind, mit dem ich gestern Abend zum letzten Mal gesprochen habe. Werde ihm nie mehr mit der Hand über die Haare streichen können, ihn nie mehr in die Arme nehmen dürfen. Spüre nie mehr seine feste Hand, mit der er so gerne kräftig zudrückte.

Wir gehen aus der Leichenhalle und warten, bis der Schlüssel wieder zurückgegeben ist. Jetzt muss ich Heiko allein lassen und mich Sonja zuwenden, die ja noch lebt.

Am Ausgang des Geländes besprechen wir Formalitäten, tauschen Telefonnummern aus, verabschieden uns und fahren los.

Plötzlich überholt uns der Streifenwagen und fährt vor uns an den Fahrbahnrand. Wir halten an. Die Polizisten haben in der Aufregung vergessen, meinen Ausweis anzusehen. Auch sie sind Menschen und in dieser Ausnahmesituation unwahrscheinlich belastet. Ich weise nach, dass ich Heikos Vater bin.

Wir fahren weiter, in die Unfallklinik, wo mein letztes Kind mit dem Tod ringt. Wir stehen im Stau, sind beide fix und fertig. Einmal weint der Chef, dann ich. Aber ich werde heute noch gebraucht, der Tag ist noch lange nicht zu Ende.

Der Weg in die Klinik wurde mir am Telefon beschrieben. Den Zettel mit meinen hastig gekritzelten Worten habe ich dabei. Wir verfahren uns mehrmals in der fremden Stadt. Dann haben wir nicht mehr die Kraft, weiterzusuchen.

Wir halten an einem Postamt und fragen nach dem Weg. Ich will meine Frau anrufen, wähle immer wieder die falsche Nummer. Bin so schrecklich nervös. Mir geht das Kleingeld aus, ich muss wechseln gehen. Endlich habe ich die richtige Verbindung. Ich berichte meiner Frau von unserer zweiten Etappe an diesem Tag. Wir sind beide traurig. Jetzt würden wir unsere Nähe so sehr brauchen. Wenn nur jetzt dieser Tag zu Ende wäre. Ich sehne mich nach Ruhe. Wir machen uns gegenseitig Mut. Mein Chauffeur wartet auf mich. Nachdem wir zunächst in einem falschen Krankenhaus gelandet waren, haben wir endlich den richtigen Weg gefunden. Vor dem großen Klinikum ist ein Informationsstand. Ich steige aus und berichte dem Pförtner, weshalb ich hier bin. Dann bitte ich ihn, mir weiterzuhelfen. Ich weiß nicht, wie viele Fragen er heute schon beantworten musste, aber meine scheint ihn nicht besonders zu interessieren. Unschlüssig meint er, ich solle nochmals am Eingang des großen Gebäudes nachfragen. Ich bin müde und abgespannt. Langsam liegen meine Nerven blank. Ich fahre ihn an:

„Wissen Sie, was ich heute schon alles erlebt habe? Wir irren durch diese Stadt von einem Krankenhaus zum anderen, mein Sohn ist tot und meine Frau im Krankenhaus. Meine Tochter muss hier sein, jetzt tun Sie doch endlich was!“

Endlich greift er zum Telefon und erkundigt sich, ob wir hier an der richtigen Stelle seien. Jetzt bewegt sich etwas: Wir dürfen sogar in den Bediensteten-Parkplatz einfahren, er öffnet uns die Schranke. Dann gehen wir zum Portier am Eingang des großen Krankenhauses. Ich nenne meinen Namen. Er telefoniert kurz. Dann beschreibt er uns den Weg, der uns zwei Stockwerke tiefer zum Operationstrakt führt. Wir gehen hinunter.

Wir müssen warten. Der operierende Arzt will selbst mit mir sprechen.

Warten.

Die Minuten werden zu Ewigkeiten.

Gedanken jagen einander: Wie schwer ist sie verletzt, wie sieht sie aus, was sagt der Arzt, wird sie überleben?

Nach einer halben Stunde, es ist mittlerweile fast 18.00 Uhr, kommt ein Arzt aus der Abteilung, die überschrieben ist: „Operationssäle – Zutritt für Unbefugte verboten.“ Der Chirurg stellt sich vor. Ich erzähle ihm, was ich an diesem Tag schon hinter mir habe. Wir schauen uns an.

„Ihre Tochter hat den Oberschenkel gebrochen. Wir mussten den Bruch nageln. Außerdem benötigte sie wegen des hohen Blutverlustes auch Blutkonserven. Die größte Sorge bereitet uns gegenwärtig die Schädelverletzung Ihrer Tochter: Sonja hat bei dem Unfall einen doppelten Schädelbasisbruch erlitten. Sie wird noch künstlich im Koma gehalten."

Während er das sagt, rollen einige Betten mit frisch Operierten an uns vorbei. Plötzlich sehe ich ein Bett, in dem ein blonder Haarschopf zu sehen ist. Da liegt bestimmt mein Kind drin. Ich unterbreche den Arzt.

„Darf ich Sie kurz verlassen? Ich glaube, da kommt Sonja." Ich darf. Mutig von mir, so auf ihr Bett zuzugehen. Ich werde plötzlich von einer heftigen Gemütsbewegung erfasst. Weine, als ich ihr über das Gesichtchen streichle. Sie sieht so hilflos und blass aus. In den Körperöffnungen stecken Schläuche, das fahrbare Beatmungsgerät hält meine Tochter am Leben. Leise höre ich das Gerät arbeiten, wenn es die Lungen mit Sauerstoff versorgt. Der Pfleger und die Narkoseärztin, die sie eben zur Intensivstation bringen, bieten mir an: „Begleiten Sie uns zur Intensivstation? Dann wissen Sie gleich, wo Ihr Kind hingebracht wird." Ich bitte meinen Chef, mich zu begleiten. Ich weiß nicht, wie lange ich noch bei Sinnen bin. Denke: „Du kannst jeden Moment umfallen." Er geht mit. Im Bettenaufzug stelle ich mich den beiden Bediensteten vor und erzähle von diesem Schicksalstag. Sie starren mich an und wir sind alle froh, als wir oben angekommen sind.

Ich schiebe das Beatmungsgerät, während die beiden Sonja mit ihrem Bett in die Intensivstation bugsieren. Das geht nicht so einfach in den Fluren der Klinik. Ich war noch nie auf einer Intensivstation für Kinder! Eine Krankenschwester gibt mir ein Personalienblatt, auf dem ich die Daten von Sonja, unsere Adresse und Telefonnummer eintrage.

Die Schwester auf der Intensivstation: Sie ist an diesem Tag der erste Mensch, der uns daran erinnert, dass wir etwas essen müssen. Sie bringt uns Kekse und Limonade. Ich würge zwei Kekse und ein halbes Glas Limonade hinunter. Das wird für die nächsten Tage mein letztes Essen sein. Angst und Entsetzen schnüren mir den Magen zu. Inzwischen ist unsere lebensgefährlich verletzte Tochter an ihrem Intensiv-Pflegeplatz angekommen. Sie wird an die Überwachungsgeräte angeschlossen. Ich gehe noch einmal zu ihr, versuche etwas zu ihr zu sagen. Mir fällt nichts ein – alles ist so leer in mir. Ein Arzt sagt mir: „Gegenwärtig kann man über ihren Zustand nichts sagen, wir müssen einfach abwarten."

Im Nebel der Eindrücke und Gefühle verlassen wir die Klinik und fahren wieder zurück. Zum Büro. Von dort aus rufe ich meine Frau noch einmal an und erzähle ihr, was mir der Arzt alles gesagt hat. Mein Chef fährt mich die 20 Kilometer in meinem Auto vom Büro heim bis vor unsere Haustüre. Seine Frau fährt in seinem Wagen hinterher, damit er wieder nach Hause kommt. Dieses vorbildliche Verhalten vergesse ich ihm nie.

Auf dem Heimweg habe ich noch die schreckliche Aufgabe, meinen Schwiegereltern die traurige Nachricht von dem Unfall, Heikos Tod und den Verletzten zu überbringen. Mein Chef und seine Frau warten so lange geduldig. Ich gehe mit großer Sorge daran: Der Schwiegervater hatte zwei Herzinfarkte in den letzten Monaten, eine schwere Herzoperation und soll sich nicht belasten. Erst vor vier Monaten habe ich ihn zusammen mit Heiko zum Reha-Aufenthalt gebracht. Es war eine wunderschöne Fahrt.

Jetzt muss ich den Schwiegereltern die schreckliche Nachricht überbringen. Eigenartig, wie gefasst ich nun selbst alles erzählen kann, was ich heute gesehen und erlebt habe.

Zu Hause angekommen, muss ich dasselbe noch bei meinen Familienangehörigen machen. Auch hier begleitet mich die Angst, mein Bericht könnte gesundheitliche Folgen nach sich ziehen. Mein Vater hatte schon zwei Schlaganfälle. Stress belastet ihn sehr.

Ich kann reden. Habe die Kraft, ruhig vom Geschehen zu berichten.

Überall, wo ich heute meine Hiobsbotschaft verbreitet habe, hinterlasse ich Schrecken und Entsetzen. In Bruchteilen von Sekunden hat sich in der Familie wirklich alles verändert.

Es ist nach neun Uhr abends, als ich in der Dämmerung erschöpft heimkomme. Nun ist es zu spät, nochmals meine Frau anzurufen. Wie geht es ihr wohl? Ich setze mich an den Tisch, an dem wir immer alle vier saßen und weine. Es ist so ruhig hier. Ich muss etwas tun, mit jemand reden. Gestern waren wir noch im Garten unserer Freunde. Sie waren die Letzten, die Heiko lebend gesehen haben. Ich muss es ihnen unbedingt heute noch sagen, was geschehen ist. Greife zum Hörer, wähle ihre Nummer. Sie können es nicht glauben. Ich erzähle. Weinend lege ich den Hörer auf und mache mir Vorwürfe, die guten Freunde so unvermittelt mit Heikos Tod konfrontiert zu haben. Habe meinen Schock weitergegeben.

Eigentlich wäre es jetzt Zeit, mich hinzulegen und das Erlebte zu verarbeiten. Ich bin zu nervös, finde keine Ruhe. Gehe auf und ab im Zimmer. Selbst die Wellensittiche sind heute ruhig. Wenn ich sonst heimkomme, kreischen sie immer. Die Kinder haben sie von der Oma geschenkt bekommen. Heiko hat sich das Weibchen ausgesucht und Putzi, das Männchen, gehört Sonja. Dann setze ich mich wieder an den Tisch und beginne mit dem Text für Heikos Traueranzeige. Meine Frau weiß davon noch nichts, aber sie ist bestimmt froh, wenn ich mir darüber schon mal Gedanken mache. Es gelingt mir, Stück um Stück des Textes zu Papier zu bringen. Immer wieder tropfen Tränen. Das Papier wird nass. Egal, ich bin ja allein. Ich mache mehrere Entwürfe.

Plötzlich fällt mir ein, dass ich noch nicht mit den Polizisten gesprochen habe, die den Unfall aufgenommen haben. Ich suche den Zettel mit der Telefonnummer. Die Beamten sind noch im Dienst.

„Ein LKW mit über dreißig Tonnen Gewicht ist ungebremst auf das an der roten Ampel haltende Fahrzeug Ihrer Familie aufgefahren. Ich rate Ihnen, einen Rechtsanwalt einzuschalten. Ein Alkoholtest des Fahrers brachte kein Ergebnis. Alles Weitere wird erst nach Vorlage eines amtlichen Gutachtens zu sagen sein."

Ich erfahre noch, bei welchem Abschleppunternehmer das total zerstörte Fahrzeug jetzt steht und notiere die Adresse. Nun weiß ich wenigstens mehr über den Unfall. Aber das ändert nichts daran, dass wir jetzt nur noch zu dritt sind. Morgen vielleicht nur noch zu zweit. Sonja ringt mit dem Tod.

Ich bin froh: Meine Frau trifft nach den vorliegenden Umständen keine Schuld an dem Unglück. Stehe im Zimmer, starre ins Leere. Gehe in die Küche, wieder zurück. Hin und her. Die Spirale meiner Gedanken dreht sich immer schneller. Schreibe weiter an meinem Text, den ich ganz individuell für Heiko entwerfe. Es ist schon weit nach Mitternacht, mir fallen fast die Augen zu.

Nochmals muss ich die Polizei anrufen. Ich habe vor zwei Stunden vergessen, nach der Todesursache von Heiko zu fragen.

„Entschuldigen Sie bitte, wenn ich nochmals anrufe. Ich hatte vergessen, nach Heikos Todesursache zu fragen."

„Einen Moment bitte, ich muss in der Akte nachsehen"

Ich warte.

„Ihr Sohn hat das Genick gebrochen. Es war ein schneller Tod, er hat sicher nichts von dem Geschehen gespürt."

Nun nehme ich noch das Auskunftsangebot der Intensivstation an, ich erkundige mich in aller Frühe des 13. August nach dem Zustand von Sonja. Ein Arzt ist am Telefon, ich sage ihm, dass ich vor Sorgen nicht schlafen kann. Er beruhigt mich: Sonjas Zustand ist stabil. Er hofft, dass das so bleibt.

Um halb drei Uhr falle ich ins Bett, um vier Uhr wache ich auf. Tränen rinnen mir über das Gesicht. Im Schlaf. Es ist so schlimm, ich weiß nicht, ob ich das Unglück jemals begreifen werde. Die Stunden vergehen unendlich langsam. Ganz allmählich verdrängt das Tageslicht die drückende Nacht. Am offenen Fenster stehend höre ich die Vogelstimmen. Der kleine Baum, den ich mit Heiko erst im letzten Herbst gepflanzt habe, ist gut angewachsen. Heiko und ich – wir können nichts mehr miteinander tun. Ungeduldig warte ich darauf, endlich meine Frau anrufen zu können. Dann ihre Stimme. Es geht ihr nicht besonders gut. Wie auch? Alles schmerzt. Wir hoffen, dass sie bald entlassen wird.

Sie hatte ebenfalls eine unruhige und schlaflose Nacht wie ich. Ein großer Unterschied: Ich war am Unfall nicht beteiligt. Wie mag es ihr wohl zumute sein? Welche Bilder laufen in ihr ab?

Mein Bruder geht jeden Morgen mit seinem Hund an unserem Haus vorbei. Ich warte auf ihn. Noch nie habe ich ihn so gebraucht. Ich stehe am offenen Fenster. Er kommt. Wir reden miteinander. Über die Nacht, was ich alles getan und erfahren habe. Über den Schmerz, der so schlimm ist. Und irgendwo in mir sitzt. Ich kann ihn nicht lokalisieren. Er lähmt.

Der Vormittag vergeht schnell. Ich komme nicht aus dem Schlafanzug, weil ständig das Telefon läutet. Das wichtigste Gespräch ist das mit der Uni-Klinik, in der unser Kind liegt. Der Zustand ist ordentlich. Sagt man.

Der Anruf unseres Geistlichen und seine tröstenden, mitfühlenden Worte tun mir wohl. Ich versuche, den ersten Tag nach Heikos

Tod zu beginnen. Kurze Zeit später ruft meine Frau an. Die Visite ist vorbei und sie darf am Nachmittag heim. Sie musste dem Arzt versprechen, dass sie begleitet wird und nicht alleine ist. Gerne nehme ich den Weg auf mich, fahre vierzig Kilometer ins Krankenhaus, um sie abzuholen.

Zuvor schaue ich noch beim Abschleppunternehmer vorbei. Das Auto meiner Frau ist wirklich nur noch ein Haufen Schrott. Ich kann nicht nahe herangehen. Es ist unbegreiflich, dass da noch zwei Menschen lebend herausgekommen sind. Ein Wunder, zumal das Fahrzeug noch zu Hause randvoll aufgetankt wurde. Der Mann sagt mir: „Es ist viel Benzin ausgelaufen. Wenn das gebrannt hätte ..."

Er zeigt mir eine Seite der heutigen Ausgabe der Regionalzeitung: Ein Bild unseres verunglückten Fahrzeugs. Der Bericht des Unfallhergangs. Ein totes und ein schwer verletztes Kind, die Mutter im Krankenhaus. Unser Schicksal. Schwarz auf weiß.

Der Tod drängt ins Bewusstsein

Heute fällt es mir nicht mehr so schwer wie gestern, zu meiner Frau zu gehen. Wir haben nun den gleichen Wissensstand und sind froh, uns wiederzusehen. Sie hat Schmerzen, kann auch nichts essen. Der Kreislauf ist nicht in Ordnung, der Blutdruck zu hoch. Wir fahren direkt zum Hausarzt. Heiko war auch sein Patient. Und beliebt. Erzählen. Der Arzt verordnet eine Halskrause, weil meine Frau bei dem Unfall ein Schleudertrauma erlitten hat. Auch ein Beruhigungsmittel hat er auf das Rezept geschrieben. Der Beipackzettel ist sehr lang, viele Nebenwirkungen sind aufgelistet. Wir werden das Medikament nicht anwenden. Das Päckchen mit den Tabletten liegt heute noch in der Hausapotheke.

Heute muss ich noch etwas tun, was mir sehr schwer fällt: Ich muss mich um Heikos Beerdigung kümmern. Der Tag ist so schnell vergangen, erst abends kann ich bei einem Bestattungsunternehmer anrufen. Ich erzähle ihm alles, so gut es geht. Selten habe ich mit einem so ruhig wirkenden Menschen telefoniert. Auch er ist geschockt von meinem Bericht. Dann erzählt er mir, dass Kinderbeerdigungen ihm selbst ein Gräuel sind. Er hat vor Jahren zwei eigene Kinder durch Krankheit verloren. Nun lebt seine Vergangenheit in ihm wieder auf. Wir vereinbaren einen Termin am nächsten Morgen.

An diesem Tag konnten wir uns nur telefonisch erkundigen, wie es Sonja geht. Die vielen Dinge, die wir erledigen mussten, waren einfach zuviel und die Zeit hat nicht gereicht, um noch den weiten Weg zu ihr zurückzulegen.

Wir verbringen den Abend damit, Adressen für die Trauerkarten herauszusuchen. Nach einer kurzen, fast schlaflosen Nacht ist uns beiden schlecht. Wir haben seit Montag nichts mehr gegessen. Ich bringe meiner Frau einige Kekse und etwas zu trinken ans Bett. Der Kreislauf leidet schwer unter den Belastungen. Das Wetter ist seit Montag drückend. Feucht-warm, die Sonne versteckt sich hinter den Wolken. Wäre auch wie ein Hohn, wenn sie jetzt vom Himmel lachen würde.

Ich muss bald los, ziehe meine schwarzen Kleider an. Wir mögen Sterbehemden nicht. Deshalb ist es unser Wunsch, dass Heiko auf seiner letzten Reise die eigene Kleidung trägt. Eine riesige Überwindung: Hundert Mal haben wir in den Schrank gegriffen, alles war so selbstverständlich. Nun das erste Mal in dem Bewusstsein: Heiko wird nie mehr seine Kleider aus dem Schrank holen. Unbeschreibliche Qual, wenn man Kleider des toten Kindes zum Bestatter bringen muss! Wir wählen sein weißes Hemd und die Sonntagshose. Ich nehme sie in der Hand mit, damit ich sie noch lange anfassen und sehen kann. Lege sie ganz nah neben mich, auf den Beifahrersitz.

Im Hauseingang des Bestatters, seine Geschäftsräume befinden sich im Obergeschoss, stinkt es erbärmlich nach abgestandenem Zigarettenrauch aus der benachbarten Gastwirtschaft. Vor sechs Jahren habe ich mich vom Tabak verabschiedet: Der Geruch des kalten Rauchs ekelt mich. Ich würge, während ich das enge Treppenhaus hoch gehe und an der Tür klingle. Mein leerer Magen rebelliert. Die Türe öffnet sich. Der Bestatter hat große, warme Hände. Ich erschrecke fast darüber, meine sind kalt wie Eis. Er ist riesig. Ich muss meinen Kopf in den Nacken legen, um ihm in die Augen sehen zu können. Ich sage ihm, er sei mir wegen seines Berufs der unangenehmste Mensch und ich wäre froh, ihn nie sehen zu müssen. Er ist sehr einfühlsam und glaubt mir sofort. Ich weiß nicht, ob ihm das jeder sagt. Auch ihm geht unser Schicksal sehr nahe. Er hat selbst die halbe Nacht gewacht, die Erinnerung an seine eigenen Kinder hat ihn nicht schlafen lassen. Wir legen den Bestattungstermin auf Montagmorgen fest. Er meint, das sei der letztmögliche Termin, weil nicht bekannt sei, wann Heikos Leichnam von der Staatsanwaltschaft freigegeben werde. Alles wird besprochen, wir sind uns einig. Ich überlege noch einmal: Heute ist Mittwoch. Wenn das alles noch so weitergeht bis Montag, ich glaube, wir halten das nervlich nicht durch.

Also bitte ich ihn, nochmals beim Friedhofsamt anzufragen, ob wir schon am Freitag die Beerdigung haben können. Das geht aber nur, wenn wir in einer Stunde auf dem Friedhof sind, um das Grab auszusuchen. Der Aushub braucht noch Zeit. Der Mann ist echt in Ordnung, er wird mir direkt sympathisch. Wir brauchen einen Sarg für unser Kind. Zum Glück muss ich nicht in ein Sarglager gehen, es gibt einen Katalog. Der Bestatter fragt mich, wie groß Heiko ist. Ich weiß es in diesem Moment nicht, bin mit der Frage überfordert. Ich stehe auf und deute mit der Hand so irgendwo in Brusthöhe.

Es ist neun Uhr, mir ist schwindlig, der Magen knurrt. Ich weiß heute noch nichts von meinem kranken Kind, die Hektik geht schon wieder los. Schnell verabschiede ich mich und nehme die Umschläge für die Trauerkarten mit. Mittags adressiere ich die Kuverts auf der Intensivstation der Klinik. Dort sieht mich ein Arzt beim Schreiben und fragt mich, ob ich Hausaufgaben mache. Ich sage: „Ja, in gewisser Weise. Mein Kind ist gestorben und ich schreibe Adressen für die Trauerkarten.“

Er geht schnell weiter. Ich sehe ihn später noch oft über die Flure gehen. Wir nicken uns immer zu und denken dabei wahrscheinlich dasselbe: Für den ersten Eindruck gibt es keine zweite Gelegenheit.

Später fahre ich heim und hole meine Frau. Wir gehen auf den Friedhof. Noch nie habe ich mich dort wohl gefühlt. Das Leben liegt mir näher als der Tod. Nun kann ich es nicht mehr vermeiden, an den Ort der Toten zu gehen. Wieder ein Tag mit schwerer, feuchter Luft.

Heute tut ein Aushilfsaufseher Dienst, er kennt sich nicht aus. Wir sind auf einem der größten Friedhöfe der Stadt. Nachdem wir ihm unseren Wunsch nach einem Grab in der Nähe des Eingangs vorgetragen haben, marschieren wir los. Er hat die Pläne der Grabstellen in der Hand, wir gehen die Reihen ab. Der Mann tut sich schwer, er findet das freie Grab nicht.

Die Minuten dehnen sich. Meine Frau hat mit ihren Schmerzen tapfer ausgehalten. Jetzt muss ich mich hinsetzen. Auf eine Besucherbank unter einem Baum. Mir ist so elend, am liebsten würde ich mich irgendwo hinlegen. Ich halte mich an meiner Frau fest. Alles dreht sich. Der Mann nimmt uns in seinen Dienstraum mit, bietet mir Wasser an. Das kann ich hier nicht trinken. Mich ekelt vor dem Glas, der Umgebung und seinem Inhalt. Wir vereinbaren, dass er das freie Grab in unserer Abwesenheit aussucht. Anhand des Planes wissen wir seine ungefähre Lage.

Wir müssen weiter, Blumen für den Sargschmuck aussuchen. Der Bestatter hat uns dort schon telefonisch angemeldet. Die Gärtnerfamilie kennt uns und die Kinder schon seit Jahren. Weinend steht die Frau des Gärtners im Blumengeschäft, als wir kommen. Sie kann gar nicht glauben, was wir ihr erzählen. Es ist noch alles ganz frisch, aber wir müssen lernen, darüber immer wieder zu reden, es ist einfach notwendig. Wir legen den Sargschmuck fest. Für unser sonniges Kind gibt es keine schöneren Blumen als Sonnenblumen.

In seinem kleinen Beet, das er im Frühjahr vor dem Unglück angelegt hat, ist eine Sonnenblume gewachsen. Sie war sein ganzer Stolz. Ihr Same wurde bestimmt von Vögeln hergetragen.

Dann bestellen wir noch Kränze für die Verwandten, die weiter weg wohnen.

Wir schleppen uns zum Auto. Nun ist die Grenze erreicht, wenn jetzt nichts in unseren Magen kommt, stehen wir diesen Tag nicht durch. Ich halte bei einem Bäcker an und kaufe zwei Brezeln. Wie kleine Kinder essen wir im Auto vor dem Laden kleine Stücke. Die erste Mahlzeit seit Tagen. Wir haben noch nie so gespürt, wie Essen Kraft gibt. Und wie es schmeckt.

Nun fahren wir zum ersten Mal gemeinsam zu Sonja ins Krankenhaus. Auf dem Weg folgt uns ein Lastwagen aus dem Fuhrpark des Unternehmens, der den Unfall verursachte. Ich sehe das Firmenlogo und die graue Farbe im Rückspiegel. Der Laster kommt immer näher, dicht hinter meinem Fahrzeug folgt er uns durch die Windungen der Strasse aus der Stadt. In Panik trete ich das Gaspedal durch. Vor drei Tagen hätte ich auf den LKW noch nicht geachtet – jetzt versetzt er mich in Angst und Schrecken.

Erstaunlicherweise finde ich den Weg in die Universitätsstadt und die Klinik wieder, ohne mich zu verfahren.

Ganz nach oben jagen wir mit dem Aufzug, zur Intensivstation. Diese wird für die nächsten Wochen unsere Heimat, obwohl wir in dieser Umgebung bestimmt keine heimatlichen Gefühle entwickeln können.

Unser Kind liegt, nur mit einem Laken bedeckt, nackt im Bett. Wie am Montag: Überall Schläuche. Sonja bewegt sich nicht selbst. Der Brustkorb hebt und senkt sich rhythmisch im Takt, der vom Beatmungsgerät vorgegeben wird. Wir setzen uns, links und rechts, an ihr Bett. Immer wieder hustet sie laut. Ganz hohl klingt es, wenn die Attacken kommen. Der Husten kommt von einer Lungenquetschung, die sie bei dem Aufprall erlitten hat. In viertelstündlichen Intervallen muss das Sekret abgesaugt werden. Es ist eine schlimme Prozedur. Wir leiden mit.

Zwei Kinder werden von einer Krankenschwester versorgt. Ich bewundere die Frauen, mit welcher Gelassenheit sie in dem von akustischen Signalen erfüllten Raum arbeiten. Überall hupt und piept es, Kleinkinder sind im Zimmer, die nach Operationen versorgt werden müssen. Insgesamt sind sechs Intensivpflegeplätze in diesem Raum. Wieder und immer wieder werden wir in den nächsten Tagen unser Leid und alles, was mit dem Unfall zusammenhängt, den zehn Ärzten und vielen Schwestern, die sich diesen anstrengenden Dienst teilen, erzählen müssen. Sie wollen wissen, wie Sonja vor dem Unfall war, welche Krankheiten sie schon hatte. Alle sind sehr nett zu uns. Wir können nichts anderes tun, als bei unserem Kind zu sein und ihm das Gefühl zu geben, dass wir mit unseren vertrauten Stimmen da sind. Wir reden viel mit Sonja, obwohl wir nicht wissen, ob sie uns hört.

Sie liegt da wie tot. Kein Mensch kann uns sagen, wie es weitergeht. Ein Arzt macht uns mit der Tatsache vertraut, dass gegenwärtig nicht abzusehen ist, inwieweit die Gehirnfunktionen vorhanden sind. Über das linke Auge läuft ein fünf Zentimeter breiter Bluterguss. Es sieht aus wie der Abdruck des Sicherheitsgurtes. Das Auge ist starr. Ab und zu bewegt unser Kind den linken Arm. Ein Schütteln und Zucken geht durch den kleinen Körper, es ist schrecklich, die Krämpfe mit ansehen zu müssen. Nicht helfen zu können.

Wir verabschieden uns am späten Nachmittag. Die Trauerkarten warten in der Druckerei auf uns. Sie müssen noch unbedingt heute zur Post, wenn sie rechtzeitig vor der Beerdigung bei den Empfängern sein sollen. Alle Verwandten wollen heute zum Gottesdienst in unsere Kirche kommen. Wie wird uns wohl die Gemeinde empfangen?

Als wir heimkommen, liegt ein Strauß Sonnenblumen vor der Tür. Es ist der stille Gruß eines Freundes und seiner Frau. Wir sehen darin übereinstimmende Gedanken zum Morgen: Sonnenblumen hatten wir als Sargschmuck ausgesucht. Ich mache noch schnell die Karten fertig, mein Bruder bringt sie zum Postamt.

Wir gehen gemeinsam zum Gottesdienst. Bevor wir uns auf den Weg machen, beten wir um ganz besondere Kräfte. Im Gottesdienst wird das Geschehen erwähnt, als Jesus ein Kind in die Mitte seiner Jünger stellte und sagte: „So ihr nicht werdet wie dieses Kind, könnt ihr nicht ins Reich Gottes kommen."

Die Anwesenden trauern mit uns und viele versichern uns nach dem Gottesdienst ihrer Anteilnahme. Es tut uns gut.

Wir sind überrascht, dass auch die älteste Schwester meiner Frau mit ihrer Familie da ist. „Wir dachten, ihr seid viele Hundert Kilometer von uns entfernt im Urlaub?" Sie berichtet: „Stellt Euch vor, wir waren in Ostdeutschland mit dem Wohnwagen unterwegs. Eine innere Stimme sagte uns, dass wir an diesem Mittwoch vorzeitig heimfahren sollten. Wir sind am späten Nachmittag zu Hause gewesen und haben von dem Unglück erfahren."

Trotz vieler Versuche, der Familie eine Nachricht zukommen zu lassen, sie möge sich doch dringend zu Hause melden, hatten wir sie nicht erreicht.

Den Donnerstag verbringen wir bei Sonja. Zum Glück bin ich von der Arbeit freigestellt. Ich könnte unter diesen Umständen nicht arbeiten. Der Abend wird sehr lang, das Telefon steht nicht still. Die Nacht ist kurz, weil die Sorgen um Sonja und das Leid um Heiko uns nicht die Ruhe finden lassen. Wir telefonieren jede Nacht und schon wieder am anderen Morgen bei Tagesanbruch und fragen nach Sonjas Zustand. Heute ist ein neuer Arzt auf der Station. Er erklärt uns, dass wir bei Sonja weiter abwarten müssten. Sie werde noch künstlich im Koma gehalten. In ein oder zwei

Tagen könne sie zu sich kommen. Er fragt uns: „Haben Sie eigentlich Angst vor dem Krankenhaus? Sie sind so wenig am Bett Ihres Kindes." Ich bin sprachlos. Wir schauen uns nur an. Dieser Mensch hat ja keine Ahnung, was es bisher alles zu tun gab, ganz zu schweigen von der inneren Anspannung, in der wir stehen. Er trat eine Lawine von Gefühlen los.

Bevor wir uns auf den Heimweg machen, ruft die Schwägerin an: „Michael, stell dir vor, ich kenne den Mann, der Sonja am Unfallort versorgt hat." „Weißt du, wie ich ihn erreichen kann?"

Sie nennt mir eine Telefonnummer. Ich rufe ihn an. Es ist nicht zu beschreiben, welche Empfindungen mich durchziehen, mit dem Menschen zu reden, dem wir vielleicht Sonjas Überleben verdanken.

„Ich bin mit meinem Fahrzeug in der Mittagspause am Unfallort vorbeigekommen. Weil ich auch medizinisch ausgebildet bin, konnte ich helfen und mein Wissen in die Erstversorgung mit einbringen. Zusammen mit einem Sanitäter, der hinter dem Lastwagen gefahren ist, haben wir Ihre Kinder aus dem demolierten Fahrzeug geborgen. Wir schnitten die Sicherheitsgurte auf. Ihr Sohn, wie heißt er?" „Heiko." „Ja, Heiko hat so friedlich ausgesehen. Wir nahmen den lieben Bub noch in den Arm. Und haben uns von ihm verabschiedet, weil wir ihm nicht mehr helfen konnten. Dann haben wir uns um Ihre Tochter gekümmert, bis der Notarzt die Versorgung übernahm. Ich erfuhr dann, dass der Sanitäter an diesem Tag Urlaub hatte. Es war bestimmt gut für Ihre Tochter, dass wir in den ersten Minuten helfen konnten."

Als wir am Abend heimkommen, quillt der Briefkasten über. Kondolenzkarten. Grüße. Briefe. Es spricht sich herum, dass unser Kind tot ist. Das Wissen um die Anteilnahme so vieler Menschen gibt Kraft.

Das eigene Kind beerdigen

Freitag, 16. August. Heikos Beerdigung. Wir sind an diesem Tag, wie immer, früh wach. Heute brauchen wir noch mehr Kräfte als bisher. Heute wird uns zum ersten Mal bewusst, wie ruhig es ohne Kinder ist. Wir waren hier noch keinen Tag unseres Lebens allein. Bald schon sind wir ausgehfertig. Der Magen streikt wieder.

Der Fahrer des Unternehmens, in dem meine Frau arbeitet, bringt einen riesigen Blumenstrauß. Er übergibt ihn mir mit Tränen in den Augen und geht wortlos.

Bevor wir gemeinsam zum Friedhof fahren, bitten wir Gott um seinen Beistand für unsere ganze Familie und alle, die heute kommen. Dass wir den körperlichen Abschied von unserem Kind nervlich aushalten. Es ist wieder so warm heute. Ich habe bereits erwähnt, wie es um unsere Väter bestellt ist. Wir hoffen, dass in den kommenden Stunden niemand gesundheitlich zu leiden hat. Schon eine Stunde vor der Trauerfeier sind wir am Sarg unseres Kindes. Das letzte Mal. Unsere Eltern und Geschwister bitten wir, in der Aussegnungshalle Platz zu nehmen, nachdem wir den Aufbahrungsraum unseres Kindes miteinander aufgesucht haben. Der Seelsorger, der die Trauerfeier durchführen wird, trifft bald ein. Er hält sich in unserer Nähe auf, es wird spürbar ruhiger in uns.

Unser lieber Freund, der Heiko Orgelunterricht gegeben hat, spielt in der Trauerhalle die Orgel. Er war schon kurz nach uns da. Es drängt mich, zu ihm zu gehen und ihn in den Arm zu nehmen. Er ist ein lieber Mensch, ist selbst ganz aufgelöst, kann den Tod seines kleinen Freundes nicht begreifen. Es fällt ihm schwer, jetzt den musikalischen Rahmen zu gestalten.

Wir sehen Verwandte, Freunde, Nachbarn, Lehrer und Mitschüler von Heiko. Sogar unsere Freunde aus Thüringen sind gekommen. Fast vierhundert Kilometer. Für uns.

Es ist ergreifend, vielen Trauergästen persönlich zu begegnen: Manche finden keine Worte. Andere reden sich den eigenen Schmerz vom Leib. Manche sind fassungslos. Spüre Hände, Berührungen. Männer und Frauen drücken mich wortlos an sich, bauen Brücken, die verbinden. Momentaufnahmen der Gefühle. Wege im Labyrinth des Schmerzes.

Ich höre mich oft sagen:

„Es tröstet uns sehr, dass Sie gekommen sind, wir müssen heute alle ganz stark sein."

Ich merke, dass meine offene Art im Umgang auch den Trauergästen hilft. Ich weiß nicht, wo diese Kraft herkommt. Es ist, als ob ich neben mir stehe, mich beobachte. Die Tabletten liegen ungeöffnet zu Hause.

Viele Verwandte, Freunde und Bekannte haben sich aufgemacht, die Abschiedsstunde mit uns zu teilen. Menschen, die uns schon lange Zeit auf unserem Lebensweg begleitet haben. Wir wünschen uns, dass wir in dieser starken Gemeinschaft die Stunde durchstehen, in der uns so viele Gefühle bewegen. Gefühle, mit denen wir uns inmitten der vielen Menschen alleine fühlen.

Wenige Minuten vor Beginn der Trauerfeier sind wir mit dem Seelsorger allein am Sarg unseres Kindes. Die letzten Minuten in unserem Leben, wo wir Heiko in der Nähe haben werden.

Bei den leuchtenden Sonnenblumen über dem toten Kind.

Dann müssen wir uns trennen.

Wir gehen an unseren Platz in der ersten Reihe – zwischen unsere Eltern. Hunderte Menschen sind da. Es wühlt uns auf, unter den Blicken so vieler Augen die Plätze einzunehmen. Haltung bewahren. Gleichmäßig atmen. Es ist wie ein Albtraum, der gar nicht aufhören will. Ich muss mich in der Gewalt haben, darf mich nicht gehen lassen.

Die Trauerfeier beginnt. Alle erheben sich von ihren Plätzen, als der weiße Sarg mit unserem Kind an das Rednerpult geschoben wird. Weiße Kerzen brennen vor den Lebensbäumen, die den Raum neben den vielen Blumen schmücken.

Die Gummiräder des Wagens quietschen auf dem Steinfußboden. So ruhig ist es in diesem Moment, dass mich dieses Geräusch stört. Die Absätze des Aufsehers schlagen im Stakkato, als er den Raum verlässt. Und wieder ist es wie am Mittwoch: Während des innigen Gebets wird es ruhiger in uns. Unser Freund und Seelsorger stellt unser Kind in die Mitte. Wie Heiko gelebt und uns geliebt hat. Sein Tod schafft in diesen Momenten keine Trennung. Es ist so, als ob Heiko dabei wäre. Alles wird in schönen Worten zum Ausdruck gebracht. Der Trauergottesdienst steht unter der Überschrift eines Verses aus Kapitel 18 des Matthäus-Evangeliums: „Und Jesus rief ein Kind zu sich". In aller Öffentlichkeit wird neben dem nötigen Trost für uns und die Angehörigen um die Genesung von Sonja gebetet. Viele Trauergäste erfahren erst jetzt, dass Sonja mit dem Tod ringt. Das Geschehen spielte sich ja weit weg von hier ab.

Nach der Trauerrede singt der Kirchenchor ein Lied. Wir verlassen die Halle durch die weit geöffneten Türen. Vor dem Gebäude steht eine riesige Menschenmenge. Sie haben die Trauerrede über die außen angebrachten Lautsprecher mitgehört. Wir gehen zum Grab. Erst jetzt wird mir bewusst, wie viele Menschen gekommen sind. Ich habe mich in meinem Leben noch nie so einsam, leer und machtlos gefühlt, wie jetzt: hinter dem Sarg meines Kindes. Und doch bin ich dankbar, dass ein Teil der Familie noch lebt.

Wir brauchen lange Zeit an Heikos Ruhestätte, bis sich der Trauerzug versammelt und aufgestellt hat. Erde ist um das tiefe Loch aufgehäuft. Duftende Tannenzweige bedecken die Erde, die in einigen Minuten auf den Sarg unseres Kindes geschüttet wird. Wenn wir nicht mehr da sind. Und das Poltern nicht hören. Wir stehen in der ersten Reihe. Gnadenlos. Hunderte von der zweiten bis zur ich-weiß-nicht-wievielten Reihe. Es bildet sich ein Kreis, viele Menschen stehen uns gegenüber. Durch das Grab getrennt. Wir blicken uns an. Hüben und drüben. Nähe der Distanz.

Vier Männer tragen den Sarg mit unserem Kind zur Grabstätte und steigen mit ihrer Last vorsichtig die Stufen hinauf. Stellen den Sarg ab. Auf die langen Seile, an denen sie ihn gleich in die Erde gleiten lassen. Ich bin aufmerksam und verfolge alles. Sauge es in mich auf. Alles ist eingebrannt in meiner Erinnerung, nichts und niemand wird diese Bilder jemals wieder löschen können. Die Wärme meiner Liebe zu Heiko wird nie abkühlen. Egal wie lang die Seile und wie tief die Gruft. Junge, ich nehme dich mit durch den Rest meines Lebens. Hier darfst du nicht bleiben.

Während der Chor wieder ein Lied singt, wird der Sarg unseres Kindes in die Erde versenkt. Ich muss die Hand meiner Frau ganz fest drücken, ja mit beiden Händen zupacken, damit ich diesen Anblick aushalte. Ich muss sie einfach spüren, habe sie bis heute noch nicht gefragt, ob ihr dieses Zupacken weh tat. Es ist gut, jetzt nicht allein zu sein, während die schönen Blumen mit dem Spruchband „Unserem lieben Heiko von Mama, Papa und Sonja“ unseren Blicken in die Tiefe des Grabes entgleiten.

Ein kurzer Augenblick. In Sekunden ziehen Jahre durch meine Erinnerung: Die Freude bei Heikos Geburt. Entwicklung. Gehversuche. Laufen lernen. Sprechen. Kindergarten. Vertrauen. Schule. Lernen. Forschen. Suchen. Wissen. Freude. Freunde. Lachen. Kindliche Unbeschwertheit. Und dann der dicke Strich durch das Leben. Plötzlich ist eins und eins nicht mehr zwei, ist auf einmal nichts oder Tausend. Alles egal und vorbei. Unfassbar. Das soll alles gewesen sein?

Ich werde die Eindrücke in dieser Ausnahmesituation unseres Lebens nie vergessen.

Die Sargträger nehmen die Mützen ab und verbeugen sich. Senken den Blick in die Grube. Erweisen die letzte Ehre. Eine Geste, ein Gruß. Von Fremden an ein Kind. Das sie nicht kannten und nie gesehen haben.

Unser Geistlicher liest Heikos schöne Beurteilung der Lehrerin zum Ende des dritten Schuljahres vor. Er zitiert einen an uns persönlich gerichteten Kondolenzbrief. Liest den Text meiner Traueranzeige vor. Und charakterisiert das Wesen unseres unvergesslichen Kindes. Dann gehen wir an das offene Grab. Streuen Blumen auf den Sarg. Stehen bleiben. Versinken wollen. Abwenden. Weiter unter den Blicken aller, die gekommen sind. Habe plötzlich den Wunsch, ganz allein zu sein. Nur mit mir. Nachdem diese Anspannung abgefallen ist.

Nun sind die anderen Familienmitglieder und Trauergäste an der Reihe, Abschied zu nehmen. Wir stellen uns auf und Hunderte kondolieren. Es ist sehr anstrengend, wenn auch die Anteilnahme wohl tut. Ich lese in den Augen Trauer, spüre Ratlosigkeit, empfinde Zuneigung, hole mir Trost, höre aufmunternde Worte, spüre die Schwingungen im Schweigen, sehe rinnende Tränen, greife nach der Stille. Dränge meine Tränen in den hintersten Winkel und verbanne sie, weil sie jetzt nicht da sein dürfen. Ich würde sonst auf ihren Wellen davonschwimmen.

Ich wundere mich über unsere Kraft: Wir können stehen bleiben. Meine Frau hat Schmerzen. Sie ist seit dem Unfall nicht mehr so lange ununterbrochen auf den Beinen gewesen.

Ich sehe die Freunde von Heiko. Kinder. Wie er. Sie leben. Werfen Blumen ins Grab und weinen. Sein Klassenkamerad steht vor mir. Ich sehe, wie ihn seine Trauer schüttelt. Sein ganzer Oberkörper bewegt sich, als er laut schluchzt. Drei Jahre waren sie beisammen. In der Schule. Er ist der Freund. Wir waren neun Jahre beisammen. Tag und Nacht. Wir sind die Eltern. Die Kinder sind wie wir zum ersten Mal im Leben von einem so dramatischen Geschehen betroffen. Wer versteht den Tod? Wir müssen stark sein. Wir verabschieden uns von unserem Freund, der die Beerdigung geleitet hat. Seine Worte stellten unser Kind in die Mitte. Die Eindrücke des Erlebten sind unauslöschlich. Viele, die ihre Anteilnahme bekundeten, haben uns gestärkt und getröstet. Die Gebete und guten Wünsche, ihr Mitgefühl hat uns getragen. Für heute. Um zwölf Uhr gehen wir vom Grab weg. Er, der in unseren Gedanken nie tot sein wird, ist bei den Toten. Wir müssen ihn verlassen, uns dem Leben zuwenden. Sonja braucht uns jetzt. Kurz gehen wir noch heim, essen ein paar Bissen und fahren zu unserem lebensgefährlich verletzten Kind ins Krankenhaus. Wir hatten uns ordnungsgemäß abgemeldet. Es war allen Pflegekräften bekannt, welchen Tag wir heute zu bestehen hatten. Das Leben gönnt keine Pause.

Brennender Schmerz

Erst ein Jahr später hatte ich die Kraft, das Erlebte skizzenhaft niederzuschreiben. Aus der eingebrannten Erinnerung. Beißende Tränen traten mir in die Augen, als ich alles beim Schreiben noch einmal erlebt habe. Ihr Salz macht die Augen rot und verschleiert den Blick. Verschwimmende Perspektiven im Wasser der Seele. Zeitversetzt. Neu und vertraut. Und im Rückblick ein Abschied, der sich wie ein Mosaik aus vielen Einzelteilen zusammensetzt. Alles klein geschrieben, weil es darin keinen Höhepunkt gibt:

ich war seither schon hundert mal auf dem friedhof. wir haben heikos grab bepflanzt, erde aufgeschüttet, gegossen und geweint, wir waren freudig und haben auch lachen gelernt. zögerlich. am anfang mit schlechtem gewissen. trauer stutzt die flügel.

und der wagen mit dem weißen sarg fährt jahrelang in meinen gedanken zum grab. wir gehen dahinter. in der wortlosen stille scharrende füße. wippende blumen und wehende schleifen. die grabreihe ist voll schwarzgekleideter menschen. der sarg sinkt in die erde, während der chor singt. tränen, taschentücher, trauer. eine kalte hand greift um mein herz. ich kenne sie: wenn es richtig weh tut, lässt sie los. das gemeine biest geht in mir herum. es ist unbarmherzig. kommt und geht wie es will. wenn ich es fortschicke, bleibt es da. wenn ich denke, es ist weg, fährt es mit gedankenblitzen in mich hinein. es hat viele namen: trennungsschmerz, heimweh, warum.

auch nach einem jahr: gegenwart.

An einem Sonntag im Winter gehe ich allein zum Friedhof. Es hat geschneit. Eine Fußspur in der weißen Decke weist den Weg zu meinem Ziel. Mein Bruder steht an Heikos Grab. Wir können beide nichts sagen, geben uns die Hand. Und können die Tränen nicht zurückhalten.

Nach einem Jahr: Die anderen reden so wenig über Heiko. Ich weiß nicht, wollen sie uns nur nicht an ihn erinnern? Wollen sie den wunden Punkt nicht berühren? Ist Heiko schon vergessen? Wahrscheinlich empfinden wir das nur so. Obwohl wir uns freuen, dass es Sonja so viel besser geht: Nichts ist mehr, wie es war, sogar die Menschen in unserer Umgebung verhalten sich anders.

Es steckt kein Vorwurf in diesen Zeilen. Als trauernder Elternteil ist man an bestimmten Tagen sehr verletzbar. Wenn die Stille schreit und das Lärmen scheinbar schweigt, wenn oben und unten und links und rechts in einem Kreis aufgehen, dann verliert man den klaren Blick. Erinnerung ist gut, aber sie bringt kein Leben in die Gegenwart. An einem Haus stehen die Worte geschrieben: „Morgen ist heute schon gestern." In der Trauer ist gestern immer heute. Morgen ist weit entfernt. Weil die Seele im Gestern ist.

Wir haben zwei kleine Kartons mit den Beileidkarten gefüllt, die wir erhalten haben. Es ist unglaublich, wie beliebt Heiko war und wie viele Menschen uns ihre Anteilnahme schriftlich bekundet haben. Wir haben festgestellt, dass nicht alle die Kraft haben, mit uns zu reden. Wir verstehen das erst heute. Es ist so schwer, auf uns zuzugehen. Die Leute wissen nicht, dass wir auch in diesem Ausnahmezustand noch Menschen sind, mit denen man ganz normal reden kann.

Eben hat mir Sonja eine Karte gebracht, wir suchen heute nach Schriftproben von Heiko für den Grabstein. Ich möchte den Stein individuell gestalten lassen, mit der Schrift von unserem Kind.

Heiko hat mir am 14. Februar 1995 auf eine Postkarte geschrieben:

„Lieber Papa, Du bist 33 Jahre alt und siehst immer noch so jung aus. Ich wünsche Dir noch gute Jahre. Dein Heiko.“

Die Karte hatte ich seither nicht mehr in der Hand gehalten. Ich hatte sie schon vergessen.

Danke für Deinen Gruß, lieber Bub. Er wiegt heute ganz anders als zu der Zeit, wo dein kindliches Gemüt oder dein Weitblick dich veranlasst haben, solches zu schreiben. Ich habe durch deinen Tod Gefühle erlebt, die manchem Greis fremd sind. Und du hast mir als der Greis geschrieben, der dem Jüngeren gute Jahre wünscht. Verkehrte Welt.

Eine Beileidkarte hat uns besonders beeindruckt. Eine Frau schrieb aufgrund unserer Traueranzeige in der Zeitung. Ihr Kind war ein halbes Jahr vor Heiko gestorben. Sie tröstet uns mit dem Wunsch, auf Gott und seinen Sohn Jesus zu vertrauen. Tage später rufe ich sie an, bedanke mich für ihren Gruß. Immer wieder sprechen wir miteinander und vereinbaren schließlich eine Begegnung. Wir sind gespannt und freuen uns darauf, sie und ihren Mann kennen zu lernen. Als wir uns dann zum ersten Mal sehen, kennen wir uns zwar noch nicht von Angesicht und sind uns dennoch tief vertraut. Im gemeinsamen Erleben, den Gefühlen, der Trauer.

Wieder zurück in das Unfalljahr: Nach den Sommerferien – Schulbeginn. Ich kann an keiner Schule trockenen Auges vorbeifahren. Jeden Morgen sehe ich Heikos Freunde auf dem Schulweg. Sie winken mir. Ich winke zurück. Einmal, es war im März des Folgejahres, habe ich angehalten und mich mit Heikos bestem Freund unterhalten. Dann bin ich weitergefahren. Und überlegte mir, ob ich umdrehen und wieder nach Hause fahren sollte. Doch ich musste ins Büro, wichtige Termine drängten. Sonst hätte ich mich weinend ins Bett gelegt. Der Tag war gelaufen, vor mir stand wieder alles, was ich mit meinem Kind erlebt habe.

Heiko war im Herbst vor dem Unfall mit seinem Freund bei der Weinlese. Hat sich mit ihm in der Natur aufgehalten, Zusammenhänge erkannt und uns voller Freude davon erzählt. Die Fahrt auf dem großen Traktor in die Kelter, das Abkippen der Trauben und die großen Maschinen waren unvergessliche Eindrücke für Heiko.

Wir haben ein Heft auf Heikos Schreibtisch gefunden. Er hat es erst in den Ferientagen kurz vor dem Unfall angelegt. Der Titel: „Allerleiheft". Dort hat er Tiere und Pflanzen beschrieben, mit Zeichnungen und Bildern ausgeschmückt. Sein letzter Eintrag in dieses Heft: „Was nützt es dem Menschen, wenn er über die Natur herrscht und sie dabei zerstört? Antwort: Nichts!" Original Heiko.

Am Montag nach der Beerdigung bekommen wir Besuch von unseren Seelsorgern. Sie nehmen uns in den Arm, lassen uns ihre echte Trauer und ihr Mitgefühl spüren und erleben. Sie reden mit uns über unser Kind, trösten uns und raten, nicht nach dem „Warum" zu fragen, weil es darauf in diesem Leben keine Antwort gebe. Sie reden auch über Sonja, als ob sie gesund wäre. Wie es ist, wenn sie wieder nach Hause darf. Dabei zeigt sie seit dem Unfall keine Lebensäußerungen, wird künstlich am Leben erhalten und beatmet!

Wir hoffen, dass Sonjas Zukunft diese Worte einmal bestätigen wird. Der Weg dorthin ist noch weit.

Nach und nach trennen wir uns von Heikos Sachen. Von den Kleidern, dem Spielzeug. Schwere Schritte. Wir wollen kein Museum im Kinderzimmer. Unser Sohn soll in uns leben wie er war.

Ein schönes Bild haben wir neben dem Muttertagsgedicht aufgehängt. Heiko hat ganz präzise einen Bauernhof gemalt, in den offenen Stalltüren sieht man die an Schnüren festgebundenen Schwänze der Kühe. Zwei Pferde schauen aus ihren Boxen. Eine Kuh steht auf der Weide und blickt wiederkäuend über den Zaun. Hinter der Wiese ist ein See, darauf schwimmen große und kleine Enten. Unser kleiner Künstler hat das ganz genau zu Papier gebracht.

Im März haben wir sein Fahrrad weggebracht. Es war das Geschenk zu seinem letzten Geburtstag.

Wieder ein Stück Heiko weniger.

Sein kleiner Garten, den er für sich angelegt und dessen Rand er mit Steinen umlegt hatte, ist verwildert. Die einjährigen Pflanzen hat der Winter beseitigt.

In einem Jahreskalender von 1997 finden wir zu unserer Überraschung ein Bild von Heiko: Im Monatsfoto August ist er groß abgebildet. Bei einem Kinderfest 1996 hatte er bei einer Aufführung mitgespielt und wurde dabei fotografiert. Jetzt entdecken wir dieses Bild. Ein Jahr nach seinem Tod. Bis zu diesem Zeitpunkt wussten wir nicht, dass es dieses Bild von ihm überhaupt gibt.

Unser Kind liegt im Koma

Noch einmal gehe ich zurück in den August 1996. Sonja ist immer noch ohne Bewusstsein. Sie liegt auf der Intensivstation der Uni-Klinik und wird rund um die Uhr überwacht. Am Anfang sind die Ärzte der Meinung, dass sie wieder ohne fremde Hilfe atmen könne. Sie stellen deshalb das Beatmungsgerät ab. Doch Sonjas Lungen arbeiten nicht richtig. Erneut muss der Tubus in die Luftröhre eingeführt werden. Sie kann noch nicht selbstständig atmen. Furchtbar, untätig alles mit ansehen zu müssen. Wir sind hilflos, weil wir uns mit ihr nicht unterhalten können. Wer kann schon stundenlang mit einer Sechsjährigen reden, wenn nichts zurückkommt? Kein Wort, keine Regung in ihrem starren Gesicht.

Sonja hat schwere Gehirnverletzungen, die in ihren Folgen noch nicht abschätzbar sind. Ein Neurologe untersucht sie. Er spricht sie an, sie zeigt keine Reaktion, auch nicht auf Berührung in den Armbeugen oder sonstigen gefühlsintensiven Körperstellen.

Wir werden auf später vertröstet, in den ersten Tagen kann noch keine auf die Zukunft gerichtete Diagnose gestellt werden. Ab und zu bewegt Sonja die linken Extremitäten, aber rechts ist alles ganz leblos. Das linke Bein hat am Oberschenkel lediglich einen leichten Verband. Der Bruch ist genagelt: Bei der Operation wurden oberhalb des Knies Metallstreifen in den Oberschenkelknochen eingeführt. Wir sehen es auf einem Röntgenbild: Sie reichen bis in den oberen Teil des Knochens. Man weiß jetzt schon, dass sich der Knochen verkürzt hat. Es wird vermutet, dass sich erst in der Pubertät das unterschiedliche Längenwachstum der beiden Beine ausgleichen wird. Wir lernen viel im neuen fremden Pflichtfach Medizin. Zum ersten Mal sind wir als Eltern mit einem so schweren Krankheitsbild konfrontiert. Außer zu Untersuchungen waren wir noch nie mit den Kindern im Krankenhaus.

Die Menschen auf der Station sind sehr freundlich zu uns. Sonja kann sich nicht selbst kontrollieren und wird gewindelt wie ein kleines Baby. Jedes Mal, wenn etwas an ihr gemacht wird, bereiten die Schwestern sie darauf vor und sagen ihr immer, was sie jetzt tun:

„Sonja, es kann jetzt kurz pieksen, wir müssen einen Tropfen Blut abnehmen." „Sonja, nun wird es unangenehm, wir saugen dir jetzt den Schleim ab." „Sonja, wir werden dir ein neues Laken unterlegen. Dazu werden wir dich kurz anheben."... Vielleicht kann sie ja doch in ihrem Zustand Eindrücke und Worte aus ihrer Umwelt empfinden oder verstehen. Niemand weiß es.

Sonjas linkes Auge schließt nicht mehr. Immer wieder muss es mit Augensalbe oder -tropfen behandelt werden. Das offene Auge steht ganz starr. Es reagiert nicht. Kein Blick verfolgt das Geschehen in ihrer Umgebung. Das wird noch wochenlang anhalten, aber in unserer Unkenntnis meinen wir immer, das Auge müsse jeden Augenblick wieder funktionieren.

Nahrungsaufnahme ist nicht möglich. Sonja wird über Infusionen ernährt. Am gesunden Bein wird in kurzen Intervallen der Blutdruck gemessen. An der Hand wird die Sauerstoffsättigung des Blutes gemessen, im Po steckt eine Sonde, die das Fieber misst. Alle Werte werden, zusammen mit der Herzfrequenz und dem Dauer-EKG auf einem Monitor angezeigt.

Sobald Sonja anders gelagert wird, eine Messstelle ausfällt oder die Infusion zur Neige geht, ertönen Hupsignale. Und derselbe Lärm an den fünf weiteren intensivmedizinischen Kinderbetten im

Raum. Uns ist abends ganz schwindlig von den vielen Geräuschen und Eindrücken. Ärzte und Pflegepersonal sind ständig im Raum.

Erst nach einigen Tagen schwillt Sonjas Oberschenkel ab. Durch den hohen Blutverlust, den der Bruch ausgelöst hatte, war es nicht möglich, das Bein zu schienen. Das wird später gemacht. In dieser Zeit muss das genagelte Bein sehr vorsichtig bewegt werden, damit die operierte Stelle nicht aus der gewünschten Lage gerät. Beim Umbetten helfen wir mit, so gut es geht. Unser Kind ist wie eine große Puppe.

Einmal sind wir dabei, als das Bett gewechselt wird. Ein neues Bett kommt von der Reinigung, und Sonja zieht Stück für Stück um. Alle Schläuche werden entfernt, der Urinbeutel wird umgeklemmt. Nach und nach montieren die Schwestern Halterungen für die Schläuche und Apparate neu, bringen neue Gitter an. Nichts darf vergessen werden. Dann geht noch die Inneneinrichtung mit. Wir haben Sonjas Miezi, eine Schlafkatze, mitgebracht. Unser Kind soll vertraute Dinge im Bett haben, das ihr fremd ist. Sie weiß ja noch nicht, wo sie ist oder was passiert ist. Nach einer Stunde ist Sonjas Umzug fertig.

Wir sind jeden Morgen schon ab acht Uhr im sechzig Kilometer entfernten Krankenhaus. Dann sitzen wir am Bett, streicheln unser Kind. Reden mit ihm. Hoffen und beten, dass alles wieder gut wird. In der Mittagszeit müssen wir die Räume verlassen, weil die nächste Schicht der Schwestern beginnt. Bei den Übergabegesprächen darf niemand dabei sein, weil dort interne, patientenbezogene Sachverhalte besprochen werden.

Wir gehen dann für kurze Zeit an die frische Luft, essen etwas oder gehen um das Klinikgebäude. Die Bewegung tut uns gut, wir sitzen immer stundenlang auf den harten Stühlen.

Etliche Male beobachten wir, wie ein Rettungshubschrauber vor der Klinik landet. Wie eine Libelle steht er in der Luft und sinkt langsam nach unten. Dann gehen unsere Gedanken zurück an den Tag, als Sonja hier ebenfalls mit dem Hubschrauber eingeliefert wurde.

Für meine Frau ist das Sitzen in der Klinik sehr anstrengend. Es gibt nur ungepolsterte Holzstühle und sie kann das blau unterlaufene und schmerzende Bein nicht hochlegen. Sie braucht selbst Schonung und ist doch in der Sorge um ihr Kind unermüdlich.

Manche Kinder sind nur wenige Stunden oder Tage nach den Operationen zur Beobachtung auf der Intensivstation, bevor sie auf die Krankenstation weiter verlegt werden. Eine Mutter sitzt schon seit Monaten täglich bei ihrem Kind. Es ist ohne Speiseröhre geboren worden und seit der Geburt hier. Mehrere Operationen wurden bereits durchgeführt.

Nach zwei Wochen auf der Intensivstation wehrt sich Sonjas Körper gegen die Infusionsnadeln. Die Infusionsflüssigkeit läuft nicht mehr über die Blutgefässe in den Körper. Als wir eines Morgens ankommen, werden wir wieder fortgeschickt: Heute soll ein zentraler Venenkatheder über die Leiste gelegt werden. Dazu erhält Sonja eine Beruhigungsspritze. Der Körper muss bei diesem Eingriff ganz ruhig liegen, jeder Griff muss sitzen. Nach einer Stunde dürfen wir wiederkommen. Sonja schläft noch. In einer Röntgenuntersuchung wird kontrolliert, ob der Katheder am richtigen Platz liegt. Wir freuen uns – alles ist in Ordnung. Wir sind froh, dass jetzt die Infusionsnadeln nicht mehr so oft gewechselt werden müssen.

Seit dem Unfall wird täglich in kurzen Zeitabständen ein dünnes Glasröhrchen voll Blut genommen und untersucht. Dazu wird sie jedes mal in den Finger gepiekst.

Die Bewegungen an Sonjas linker Körperseite werden heftiger. Unsere Sorge gilt der anderen Seite, dort ist Sonja so leblos. Niemand kann uns sagen, ob das so bleiben wird. Das genagelte Bein wird am 23. August vergipst. Sie liegt nun schon seit zwei Wochen auf der Intensivstation.

Einmal sind wir bei der Visite anwesend. Alle Ärzte stehen um Sonjas Bett herum und reden. Wir sind auch da, aber niemand sieht uns oder beachtet uns. Dabei und doch nicht wahrgenommen. Ein Glück, dass ich noch von der Arbeit freigestellt bin. Wenn alles nach unserem Plan abgelaufen wäre, würden wir jetzt in Norddeutschland in unserem vorbestellten Strandkorb sitzen und uns einen schönen Tag machen.

Nach dem Krankenhaus gehen wir oft noch bei unseren Eltern oder den Geschwistern vorbei. Alle warten täglich auf Neuigkeiten, auf Zeichen der Besserung. Aber mit Sonja geht es nur ganz, ganz langsam aufwärts. Irgendwann bewegt Sonja die Augen. Aber nicht gezielt in eine Richtung, sondern jedes schaut woanders hin. Der Blick fixiert nicht einen Punkt, er ist leer. Neue Sorgen.

Zu allem Übel wird dann auch eine Gesichtslähmung festgestellt. Die linke Gesichtshälfte ist geschädigt. Sie ist ganz unbewegt. Wir erfahren, dass das Felsenbein, der härteste Knochen im Kopf, gebrochen ist. Die Ärzte vermuten, dass dadurch Sonjas Gehör verloren gegangen ist. Niemand weiß, ob sie uns überhaupt noch hören kann. Sie ist nicht ansprechbar, reagiert nicht auf akustische Reize. Deshalb können die Ohren nicht untersucht werden. Immer wieder werden Computer-Tomographien gemacht.

Die Ärzte zeigen uns die Röntgenbilder, es wird spekuliert, dass irgendwo im Schädel noch eine offene Stelle vom Schädelbruch sein muss. Seit dem Unfall läuft Gehirnwasser aus der Nase aus. Die Menge, die ausfließt, wird zwar immer weniger, der Fluss versiegt aber nicht völlig. Um die Ursache genau abklären zu können, wäre eine große Untersuchung nötig. Diese wird aber aus Rücksicht auf Sonjas Zustand noch verschoben.

Wenn es zur Operation käme, müsste die Bruchstelle von innen heraus abgedichtet werden. Wir denken lieber nicht daran, was da alles passieren könnte und hoffen wie immer auf Besserung. Wir lernen, optimistisch zu sein und nur an heute zu denken.

Seit Tagen warten wir auf den Neurologen, der Sonja zuerst untersucht hat. Als er endlich da ist, kann er uns leider nichts Neues berichten. Antibiotische Zusätze in der Infusion vermindern das Risiko von Infektionen. Am schlimmsten wäre es, bekäme Sonja eine Hirnhautentzündung. Deren Folgen könnten verheerend sein. Wir werden medizinisch gut aufgeklärt, aber wer nimmt sich Zeit für uns? Wir haben den Eindruck, dass sich nur alles um die Medizin und um die Möglichkeiten zur „Reparatur" dreht. Alles andere müssen wir allein verarbeiten.

Schon in aller Frühe verlassen wir unser Zuhause. Wir haben keine Zeit, einzukaufen. In der Familie haben wir viel Unterstützung. Wenn wir spät abends nach Hause kommen, dürfen wir uns abwechselnd bei Eltern oder Geschwistern an einen gedeckten Tisch setzen. Wir werden mit Essen versorgt, dürfen unsere Wäsche zum Bügeln bringen. Alle warten auf erfreuliche Neuigkeiten über Sonjas Genesung. Wir sehen die Fortschritte nicht immer, weil es eben nur ganz kleine Schrittchen sind. Nur wir Eltern dürfen Sonja besuchen. Die Verwandten können sich deshalb selbst kein Bild ihres Zustands machen. Oft läutet abends das Telefon, wenn wir müde nach Hause kommen. Viele beten für Sonja und hoffen mit uns auf Genesung. Das gibt uns Kraft durchzuhalten. Jeden Tag sitzen wir stundenlang am Bett unseres Kindes. Es zehrt an den Nerven. Dazu kommt der Trennungsschmerz von Heiko. Wir haben manchmal gar keine Zeit, uns damit zu beschäftigen. Ich erledige meine schriftlichen Arbeiten im Wartebereich der Intensivstation, schreibe einen Brief an den Ersthelfer beim Unfall und bedanke mich, dass er selbstlos einen Teil seines Urlaubs für die Hilfe an Sonja verwendete. Ich teile ihm mit, wie sich Sonjas Zustand bis jetzt entwickelt hat. Er ist ein Freund des Polizisten, der den Unfall aufgenommen hat. Von ihm habe ich seine Anschrift erhalten.

Wenn wir abends erschöpft nach Hause kommen, reicht es kaum mehr, die Wäsche zu waschen und zu trocknen. Das Telefon steht nicht still, wir gehen oft noch zum Grab von Heiko und sehen die vielen schönen Blumen langsam aber sicher verwelken. Es ist alles so unbegreiflich, als ob es gar nicht wahr wäre!

Das Grab ist voller Blumen. Keine Erde ist mehr sichtbar. Vorne auf liegt der schöne Blumenkranz meines Jugendfreundes und seiner Frau. Sehe heute noch sein Gesicht, als wir uns bei Heikos Beerdigung begegnet sind. Der Schnitt des Todes hat uns noch enger zusammengeführt. Abends tanzen die Schmetterlinge um die vielen Blumen auf dem Grab, die Bienen und Hummeln holen sich ihre Nahrung. Wenn das mein kleiner Gärtner mit mir zusammen beobachten könnte!

Und wenn es dann wirklich ruhig wird, ist es fast nicht auszuhalten. Neun Jahre waren wir keinen Tag ohne Kinder, und jetzt ist es so still! Wir fallen todmüde ins Bett. Nach einigen Stunden jedoch ist der Schlaf vorbei. Oft überlege ich mir morgens um vier, ob ich in der Klinik anrufe und nach Sonjas Zustand frage.

Sie wird jetzt immer unruhiger. Sie zappelt so heftig, dass sie ständig das Bein gegen die Gitter ihres Bettes schlägt. Damit sich der Bruch nicht verschieben kann, bekommt sie einen festen Gips. Er reicht vom Po bis zu den Zehen. In den Gips werden Fenster gesägt, um die Wundstellen, an denen die Nägel eingeführt wurden, versorgen und beobachten zu können. Wenn die Fenster offen sind, sehen wir, wie sich die Nägel bei jeder Bewegung ein wenig aus der Wunde herausschieben. Am Anfang sind nur kleine schwarze Punkte an den Austrittstellen der Nägel zu sehen, dann vergrößern sich die Wunden täglich. Das Fleisch an den Wundrändern wird dunkel. Deshalb werden die Wundränder täglich behandelt und beobachtet.

Die Nägel ragen bis zu einem halben Zentimeter aus den Wunden heraus. Sobald Sonja das Bein bewegt, sägen sich die Nagelenden in das wunde Fleisch. Für die Augen eine Gewöhnungssache. Jedes Mal schreit es in mir auf, wenn ich es sehe. Die Nägel müssen operativ wieder entfernt werden. Doch jeder Tag ist für das Knochenwachstum wichtig. Um den Bruch so lange wie möglich zu stabilisieren, warten die Ärzte mit der Operation, bis es unbedingt sein muss.

Der Gips verursacht viele Probleme. Von den Windeln tritt Nässe über den Rand ein, die Haut wird rot und entzündet sich. Sonja spürt das und greift immer wieder in den Gips, holt die vom Urin getränkte Watte heraus, die zur Hautpflege um den Gips gesteckt wird. Hinzu kommt noch der ständige Durchfall. Wahrscheinlich von der künstlichen Ernährung verursacht, die über die zwischenzeitlich gelegte Magensonde gegeben wird.

Es ist sehr unangenehm. Sonja weiß von allem nichts, registriert unsere Gegenwart nicht und zeigt keinerlei Reaktion, wenn wir an ihrem Bett sind. Wir sind froh, dass sie noch intensiv betreut wird. Wir haben einen Kassettenrekorder besorgt, der ständig die ihr bekannten Lieder spielt. Die Ärzte und Schwestern erhoffen sich dadurch, dass sie wieder zurückfindet in das bewusste Leben. Alle möglichen Stofftiere bringen wir mit, die Miezi und der große weiße Seehund sind immer bei ihr.

Eine Schwester aus der Intensivstation hat Windräder an das Bett gebunden, dass es nicht so nach Krankenhaus aussieht.

Ein Arzt sagt uns auf unsere Frage, wie das alles weitergehen werde, wir sollten einfach abwarten. Es könne sein, dass sie aufwache und gar nichts mehr wisse, oder dass sie nicht mehr sprechen oder nicht mehr gehen könne oder alles zusammen.

Wir wissen nicht, was noch auf uns zukommt und müssen unsere Kräfte einteilen. Deshalb gehen wir jeden Tag nach Hause, um wenigstens einige Stunden die Gedanken lösen zu können. Es ist schwer, abends das kleine, hilfsbedürftige Kind zu verlassen. Obwohl das Mitgefühl und die beschützende Liebe als innere Stimme sagen: „Bleibe da und verlasse dein Kind nicht." Einige Tage später kann Sonja für eine kurze Zeit mit unserer Unterstützung sitzen. Ein paar Augenblicke nur. Wir sehen: Sie bekommt wieder Kraft! Täglich kommen zwei Krankengymnastinnen. Sie bewegen Sonjas Arme und Beine, streichen ihr über die Haut und prüfen, ob sie auf diese Reize reagiert. Essen wird ihr gezeigt und um den Mund gestrichen, in der Hoffnung, sie wieder auf den Geschmack zu bringen. Und um Erinnerungen zu wecken. Aber Sonja lehnt alles ab. Wir halten sie zu dritt fest, während die Zähne gereinigt werden.

Weil sie nichts trinken kann, ist ihr Mund ganz trocken. Er wird mit Wattestäben, die in Tee getränkt wurden, befeuchtet. Die Lippen springen auf. Sie wimmert, wenn der hintere Teil des Kopfs angefasst wird. Dort empfindet sie die größten Schmerzen.

Immer wieder wird diskutiert, ob ihre Haare abgeschnitten werden sollen, wegen der dann einfacheren Pflege. Wir wehren entschieden ab. Sonja hatte noch nie kurze Haare. Wenn sie sich im Spiegel sieht oder bemerkt, dass ihre Haare abgeschnitten wurden, könnte das ein Schock sein für sie. Also werden die Haare im Bett gewaschen. Wir sind zu dritt und haben alle Hände voll zu tun. Sonja wehrt sich, das Wasser schwappt über die Schüssel, die nassen, mit Shampoo verschmierten Haare sind rutschig. Dazu kommt die gebückte Haltung während der ganzen Prozedur. Unser Kind liegt im Bett. Die Krankenschwester hält das Kind schräg aus dem Bett. Meine Frau gießt ihr vorsichtig mit einer Kanne lauwarmes Wasser über die Haare. Ich fange das Wasser mit einer Schüssel auf, die ich unter das Rinnsal halte. Sogar winzig kleine Glassplitter prasseln mit dem Wasser in das Gefäß. Sie waren seit dem

Unfall in den Haaren verklebt. Wir sind alle fix und fertig, als wir unser Werk beendet haben. Aber die Haare sehen jetzt besser aus.

Aus den Ohren lösen sich blutige Krusten. Beim Unfall hatte Sonja aus Mund, Nase und Ohren geblutet. Das geronnene Blut löst sich jetzt nach und nach.

Trotz aller Ungeduld lernen wir allmählich, jeden Tag nur für sich allein zu nehmen. Möglichst nicht an den nächsten zu denken. Sonst wird es zuviel.

Neben der Intensivstation befindet sich eine Herzstation für kleine Patienten. Einmal erwacht ein Mädchen nach einer sehr komplizierten Operation aus seiner tiefen Narkose. Seine Schreie begleiten uns stundenlang. Sie gehen uns durch Mark und Bein.

Hilflos fühlen wir, wie das Elend anderer Menschen uns unter die Haut kriecht.

Über Sonjas Gesicht ziehen blauschwarze Blutergüsse, von den Ohren bis in die Augen hinein. Die Masse eines beladenen Lastwagens hat auf das Kind eingewirkt. Ein Wunder, dass es noch lebt.

Wir haben bei den Ärzten angefragt, ob Sonja nicht in die Nähe unseres Wohnorts verlegt werden könne. Sie lehnen ab, weil ihr Zustand noch nicht stabil genug für einen Transport sei. Der technische Fortschritt in neuen Apparaten und der Umstand, dass alle Untersuchungen in einem Haus durchgeführt werden können, spricht für die Uni-Klinik.

Weil ich seither Urlaub hatte, konnte ich jeden Tag meine Frau begleiten und unterstützen. Aber das ist nun vorbei. Während der Intensivzeit kann Sonja von niemand besucht werden. Deshalb habe ich einige Polaroid-Bilder gemacht, die wir ständig bei uns tragen. Sie sagen mehr als Worte, wenn wir sie den Omas und Opas, den Tanten und Onkeln und allen denen zeigen, die sich nach ihr erkundigen.

Quälende Unsicherheit

Am 27. August muss ich wieder arbeiten. An diesem Tag wird Sonja auf die Normalstation verlegt. Sie ist jetzt außer Lebensgefahr.

Nun ist alles anders als bisher: Wir waren gewohnt, dass ständig ein Arzt da ist und immer Pflegepersonal zur Verfügung stand. Nun ist meine Frau mit Sonja allein. Die Schwestern sind sehr nett und besorgt, aber sie haben viele Patienten zu versorgen. Auf der Chirurgie sind üblicherweise keine Kinder mit Schädel-Hirnverletzungen. Eigentlich wäre Sonja ein Fall für die Neuro-Chirurgie. Das gebrochene Bein gab bei ihrer Einlieferung den Vorrang für die Akutversorgung auf der chirurgischen Abteilung.

Ein anderes Kind teilt sich mit uns das Zimmer. Das Mädchen ist viel jünger als Sonja und schon seit Monaten hier in Behandlung. Seine Eltern sind immer da.

Bald wird unsere Tochter so lebhaft, dass man ständig auf sie aufpassen muss. Sie richtet sich halb im Bett auf, fällt dann aber wieder um, weil die Kraft zum selbstständigen Sitzen fehlt.

Um neuen Verletzungen vorzubeugen, wird das Bett ausgepolstert: Über alle harten Kanten hängen die Schwestern Stoffe und Decken. Sonja ist unermüdlich, wirft sich im Bett hin und her. Weil sie sich nicht abfangen oder stützen kann, fällt sie unkontrolliert. Alles Zureden hilft nichts, sie ist nicht zu beruhigen. Der Venenkatheder wurde mittlerweile wieder entfernt. Besondere Gefahr droht der Infusionsnadel, wenn Sonja die Arme bewegt. Oft wackelt der Ständer mit den Infusionen.

Meine Frau springt Tag um Tag um das Bett, überwacht Sonja und muss, wenn sie einmal auf die Toilette geht, nach jemand suchen, der in dieser Zeit auf Sonja aufpasst. Wenigstens bekommt meine Frau jetzt das Mittagessen auf das Zimmer, so dass sie immer bei unserem Kind sein kann. Es ist sehr anstrengend für sie. Den ganzen Tag ist sie mit Sonja allein und kann sich mit niemand unterhalten.

Sonja hat wenige ruhige Phasen. Wenn sie dann endlich einschläft, kommt fast immer irgendjemand ins Zimmer, macht Mundpflege, wechselt Bettwäsche oder verrichtet sonstige Dinge. Diese sind zwar wichtig für Sonja, aber sie stören ihre kurzen Schlafphasen.

Besorgt um das Wohl unseres Kindes, stimmen wir uns mit dem Pflegepersonal ab, dass nicht alle Maßnahmen im vorgesehenen Zeitrahmen erledigt werden.

Meine Frau wechselt Sonjas Windeln selbst und übernimmt auch die leichteren Pflegearbeiten. Der geistige Zustand von Sonja ist immer noch gleich. Sie zeigt keine Reaktion, wenn wir das Zimmer betreten. Wegen ihrer permanenten Unruhe fällt es uns jetzt besonders schwer, abends zu gehen. Doch dann eine wertvolle Hilfe: Sonja bekommt eine zuverlässige Nachtwache. Eine Schwesternschülerin, die nachts auf sie aufpasst. Man kann das Kind nicht alleine lassen, weil es so unruhig ist. Uns ist selbst nicht wohl dabei, abends nach Hause zu gehen, aber es muss sein.

Weil nicht immer der richtige Zeitpunkt zum Windelwechsel erwischt wird, ist die Haut bald ganz wund. Der Gips stinkt von den Exkrementen. Zudem ist seine Plastikaußenseite so rau, dass sie sich das gesunde Bein daran wund scheuert. Sonja wird immer aktiver, befolgt jetzt auch einzelne Kommandos. Zum Beispiel, wenn wir sie auffordern, den Po beim Windelwechsel anzuheben.

Dennoch wirkt sie mechanisch, emotionslos, vielleicht einem Träumenden vergleichbar. Die Augen fixieren nicht. Sonja schaut uns nicht nach, wenn wir aus dem Zimmer gehen oder zurückkommen. Sie lehnt immer noch strikt ab, zu essen.

Während ich dieses schreibe, blättere ich in unserem Tageskalender des Jahres 1996. Dort sehe ich die letzte Eintragung von Heiko. Er hat sich für den 3. September die Sendung „Abenteuer Zoo“ notiert, von 20.15 Uhr bis 21.00 Uhr. Das war seine Lieblingssendung.

Morgens bringe ich meine Frau zu Sonja, fahre vierzig Kilometer zurück zur Arbeit und am Abend wieder in die Klinik. Nachts fahren wir zusammen nach Hause. Jeden Tag lege ich 200 Kilometer zurück. Weil ich durch die Fahrerei nicht acht Stunden am Tag arbeiten kann, wird meine Fehlzeit mit dem Urlaub verrechnet.

Am 4. September ist Sonjas siebenter Geburtstag. Unser Seelsorger besucht sie.

Morgens kommen alle Schwestern und Pfleger der Station und singen unserem Geburtstagskind ein Lied. Es verhallt ohne sichtbare Reaktion der kleinen Patientin.

Am Folgetag wird der Gesichtsnerv untersucht. Sonja wird an viele Kabel angeschlossen, es wird getestet, wie der Nerv auf Stromreize reagiert.

Erst vor wenigen Tagen war eine schwierige Operation angedacht worden, in welcher die Trommelfelle genäht und der Nerv operiert werden sollte. Es war keine Zeit, die Risiken und Folgen des Eingriffs zu besprechen. Zwischen Tür und Angel wurde die Einwilligung unterschrieben. Der Arzt, der sie operieren sollte, kam aus einer anderen Klinik.

Nach einer eingehenden Untersuchung kurz vor der Operation verzichten die Ärzte auf den Eingriff. Unser Hoffen hat sich erfüllt:

Der Nervenrest reagiert noch und braucht nicht operiert zu werden.

Die Ärzte haben grundsätzlich Bedenken, das Kind wieder in Narkose zu versetzen. Sie könnte Sonjas Zustand dramatisch verschlechtern. Niemand kann die Folgen einer Narkose auf das verletzte Gehirn abschätzen.

Mittlerweile hat auch ein Gespräch mit dem Professor stattgefunden. Seine Erfahrung sage ihm, Sonjas Gesundheitszustand könne wieder in Ordnung kommen. Aber medizinisch sei das nicht beweisbar. Das Gefühl des erfahrenen Mediziners hat sich bestätigt. Wochen später werden wir erleben, dass sich Sonjas Zustand wendet.

Schon wieder ein Wermutstropfen: Nach Meinung des Professors ist der Schädelbruch noch nicht abgedichtet. Er vermutet, dass immer noch Gehirnflüssigkeit in den Rachenraum austritt. Sonja soll untersucht werden. Dazu muss ihr Kontrastmittel in den Rückenmarkskanal gespritzt werden. Während der Untersuchung muss ihr Kopf aufrecht gelagert werden, um den Abfluss der Flüssigkeit prüfen zu können.

Die Ärzte diskutieren hin und her. Der Diagnosearzt, den wir mit Sonja im Bett und allen daran befestigten Gerätschaften aufsuchen, verweigert die Untersuchung. Der Befund ist ihm nicht sicher genug. Also schieben wir das Bett wieder über die Aufzüge einige Etagen höher. Vorbei an den vielen Menschen, die hier auf ihre Untersuchungen warten. Kaum sind wir in Sonjas Zimmer angekommen, erhalten wir die Nachricht, dass die Untersuchung nun doch gemacht werden soll. Also gehen wir wieder los und schieben Sonja erneut durch die endlosen Flure der Uni-Klinik. Wir erkundigen uns, wie die Untersuchung ablaufen wird, über Gefahren und Nebenwirkungen. Heute haben wir nicht die Kraft, dabei zu sein. Es ist auch besser so: Wir warten auf dem Flur gegenüber, etwa fünf Meter vom Untersuchungszimmer entfernt. Es muss der Moment sein, als die Nadel in das Rückenmark eindringt. Sonja schreit auf und wimmert. Uns wird angst und bange um unser Kind, das Geschrei ist unerträglich. Bis jetzt zeigte sie nur Schmerzempfinden in der Kopfgegend.

Das Kontrastmittel muss sich erst verteilen. Während der Wartezeit sorgt ein Beruhigungsmittel dafür, dass sie ruhig liegen bleibt. Sonja braucht immer die doppelte Menge des für ihr Körpergewicht nötigen Beruhigungsmittels. Die Krankenschwester hat jedoch nur die normalerweise für Kinder ihres Alters ausreichende Menge des Mittels dabei. Um Nachschub zu holen, muss die Schwester wieder zurück auf die Station. Es dauert dann nochmals eine Viertelstunde, bis sie wieder zurück ist. Ich verstehe nicht, warum man nicht die doppelte Menge mitnehmen kann, um Zeit und Wege zu sparen.

Nach einer halben Ewigkeit erfahren wir, dass nach dem jetzigen Stand alles gut sei. Es tritt also keine Hirnflüssigkeit mehr aus. Glücklich über das Ergebnis fahren wir unsere Patientin mit Bett und Infusionsständer wieder in das Krankenzimmer.

Ungeplant verbringen wir diesen Tag zusammen im Krankenhaus: Auf der Fahrt zur Klinik geht schon kurz nach dem Start plötzlich das Licht am Wagen aus. Das Radio stellt ebenfalls den Dienst ein. Ich halte an. Zum Glück komme ich nicht auf die Idee, den Motor abzustellen. Ich öffne die Motorhaube: Alle Kabel am richtigen Platz. Auf der Schnellstrasse scheint noch alles in Ordnung zu sein. Kurz vor dem Ziel fällt die Drehzahl im Leerlauf stark ab. Nur mit Vollgas halte ich den Motor am Laufen. Vor der Klinik ist alles zu spät, das Kühlwasser kocht. Vor dem Pförtnerhaus, an dem ich am 12. August die erste Bekanntschaft mit dem Klinikum gemacht hatte, stellt der Motor den Dienst ein.

Ich melde mich telefonisch im Büro für diesen Tag ab, verständige den Pannendienst und lasse mein Auto in eine Vertragswerkstatt schleppen. Die Lichtmaschine ist kaputt und hat auf der langen Fahrt die Batterie vollständig entladen. Dadurch hat der Kühler zu wenig gearbeitet. Abends erhalte ich einen Mietwagen, damit wir wieder nach Hause fahren können. Erst kurze Zeit vorher hatte ich einen Schutzbrief abgeschlossen. Die Mietwagenkosten werden nun von der Schutzbriefversicherung übernommen.

Der Bruder von Heikos Orgellehrer hat seine Ausbildung als Arzt abgeschlossen und besucht uns an diesem Tag im Krankenhaus. Von dem jungen Mediziner erfahren wir viele Hintergründe. Er erklärt uns manches über die Abläufe in dem schwer verletzten Gehirn von Sonja. Wir haben an diesem Tag echten Beistand durch seine Informationen. Er begleitet uns und wartet während der Untersuchung. Wir teilen miteinander unsere Freude, als wir das gute Ergebnis erfahren. Während wir warten, tröstet er eine alte Patientin. Sie ist allein mit ihrer Angst vor einer bevorstehenden Untersuchung. Niemand begleitet sie. Abends nehmen wir ihn auf unserem Heimweg mit. Geduldig hört er sich unseren Kummer an, den wir ihm auf dieser langen Fahrt ausschütten.

Beim Schreiben fällt mir der Inhaber des Autohauses wieder ein, der mein Auto repariert hat. Er sieht aus den Papieren, dass wir weit weg wohnen. Er fragt: „Warum sind Sie in dieser Stadt?“ Ich erzähle ihm, dass unser Kind nach einem Verkehrsunfall hier im Krankenhaus liege.

Er antwortet mit trauriger Stimme: „Vor vielen Jahren habe ich meine Frau bei einem Verkehrsunfall verloren. Unser damals ganz kleines Kind hat den Unfall überlebt. Ich stand von einem Moment auf den anderen mit ihm alleine im Leben. Ich musste ganz von vorne anfangen.“ Ich sehe ihm an, wie schwer dieses Ereignis sein weiteres Leben belastet hat.

Unser eigenes Erleben und die Gespräche mit Menschen, die Ähnliches erlebt haben, machen sensibel.

Einige Tage später hat meine Frau Geburtstag. Alle Geschäfte sind noch geschlossen, wenn wir unser Haus verlassen. Wenn wir abends zurückkommen, sind sie bereits wieder geschlossen. Deshalb hatte ich keine Zeit, ihr ein Geschenk zu besorgen. Das einzige Geschenk, das ich ihr machen kann: Einen Tag Urlaub zu nehmen und ihn mit ihr gemeinsam in der Klinik am Bett unseres Kindes zu verbringen. Und das außergewöhnliche Geschenk „Zeit" wird dankbar angenommen.

Unsere Wünsche sind nicht materiell zu erfüllen. Die Wunschliste ist voll und hat doch nur eine Position: Dass Sonja wieder gesund werde! Noch ist sie im Wachkoma.

Am 10. September wäre Sonja eingeschult worden. Die Rektorin der Grundschule, sie war Heikos Klassenlehrerin, verspricht uns, Sonjas Platz zu reservieren. Wir wissen nicht, ob unser Kind jemals eine Schule besuchen wird. Gegenwärtig überlegen die Ärzte, ob sie in eine Reha-Klinik verlegt werden kann. Ort und Zeitpunkt ist noch unsicher. Es gibt nicht viele Einrichtungen für hirnverletzte Kinder in Deutschland.

In Gedanken sind wir an diesem Tag bei der Einschulung. Für viele Kinder aus unserer Nachbarschaft beginnt jetzt der Ernst des Lebens.

Am anderen Morgen lesen wir in der Tageszeitung einen Bericht über die Einschulungsfeier an unserer kleinen Schule:

„ ... doch als am Dienstag die Rektorin die Abc-Schützen begrüßte, fehlte ein Kind: Sonja, die nach einem schweren Verkehrsunfall noch im Krankenhaus liegt. Für seine kleine Schwester wollte Heiko aus der vierten Klasse zur Begrüßung die Flöte spielen. Die Rose an seinem Platz war der letzte Gruß an den Buben, der den Unfall nicht überlebt hatte. ‚Ein Schatten der Trauer liegt über diesem Tag', sagte die Schulleiterin, ..."

Wir sind nach einem Monat gewohnt, über das Unglück zu reden. Aber jetzt über Heikos Tod und Sonjas Verletzung in der Zeitung zu lesen, wühlt uns erneut auf. Wie auch das Bild der Kinder, die mit Sonja vier Jahre lang in den Kindergarten gegangen sind. Sie sind gesund. Ihnen geht es gut.

Mittlerweile ist mein Fahrzeug repariert. Die Freude ist kurz: Eine Woche nach der Panne vor der Klinik geht die Kopfdichtung am Motor kaputt. Auf der Heimfahrt vom Krankenhaus kocht wieder das Kühlwasser, ich stelle das Auto diesmal bei einer Werkstatt in unserer Nähe ab. Die Reparatur kostet viel und dauert lange. Wir sind froh, als alles wieder in Ordnung ist.

Der Kontostand auf unserem Girokonto geht langsam aber sicher nach unten. Die Versicherung des Unfallgegners lässt sich Zeit, den Schaden zu regulieren. Die Fahrtkosten werde ich erst im April 1997 erstattet bekommen.

Die Wundränder an Sonjas Bein um die Stellen, an denen sich die Nägel durchgedrückt haben, entzünden sich immer mehr. Ihr Operationstermin wird immer weiter hinausgeschoben, bis es nicht mehr anders geht. Man will den Genesungsprozess ihres Gehirns nicht beeinträchtigen.

Sonja kann jetzt ihre Augen ab und zu auf einen Punkt konzentrieren. In Sonjas Wachphasen spielen endlos die Kassetten von Benjamin Blümchen und mit den Kinderliedern, die sie immer gern gehört hat.

Seitdem Sonja auf der normalen Krankenstation ist, darf auch Besuch kommen. Ihre Kindergärtnerin hat den weiten Weg nicht gescheut und besucht uns. Sie bringt eine Kassette mit neuen Liedern mit. Mit einer Handtrommel machen die Krankengymnastinnen Musik. Sonja hat ein Xylophon am Bett. Immer wieder schlagen wir darauf die Tonleiter. Alles hat keinen sichtbaren Einfluss auf unser Kind. Sonja kann nicht gezielt greifen oder etwas betrachten. Nur kleine Aufforderungen, z.B. zum Wenden des Körpers, befolgt sie ab und zu. Es funktioniert nicht immer. Niemand kann uns sagen, ob sie das bewusst macht.

Unser Kind sagt kein Wort, liegt apathisch im Bett und möchte gestreichelt werden. Wir merken es daran, dass sie nach unserer Hand tastet. Diese hält sie fest und zieht sie dann auf den Rücken. Dann will Sonja geschaukelt werden wie ein kleines Baby. Die Nähe der Mutter beruhigt. Kein Laut verlässt ihren Mund. Ruhige und unruhige Phasen wechseln sich ab. In einer Nacht zieht sie sich zwei Mal den dünnen Schlauch der Magensonde aus der Nase. Diese muss dann vom Arzt neu gelegt werden. Sonja würgt, bis der biegsame Schlauch wieder über die Nase in die Speiseröhre geschoben ist.

Wieder einmal laufen die Infusionen nicht mehr. Wir warten mit Bett, Sonja und Krankenschwester im Behandlungsraum auf einen Arzt, der die Nadel an die andere Hand verlegen soll. In dem Moment landet ein Rettungshubschrauber. Alles verfügbare Personal wird für den Notfall abgezogen. Wir stehen und warten. Ich sehe aus den Augenwinkeln, wie eine Frau an der offenen Tür vorbeigeht. Sie sieht kurz ins Zimmer, geht vorbei und kommt wieder zurück. Es ist die Narkoseärztin vom Unfalltag, mit der ich damals Sonjas Bett in die Intensivstation geschoben hatte. Sie hat mich wiedererkannt und ist immer noch ganz ergriffen von dem Geschehen. Wir zeigen ihr die Bilder vom Unfallauto, erzählen, wie sich der Zustand von Sonja bisher gebessert hat. Sie freut sich mit uns über die kleinen Erfolge. Auf die Bitte der Krankenschwester, ob die Ärztin vielleicht die Infusionsnadel wechseln könne, lehnt sie dies ab. Sie sei befangen, wenn sie dieses Kind sehe. Es tue ihr so Leid, sie könne es nicht. Seit dem 12. August hat sie bestimmt viele Kranke gesehen. Sie hat Sonja noch nicht vergessen.

Die Zimmergenossen wechseln, immer sind es schwer kranke oder schwer verletzte Kinder. Sie haben Sonja gegenüber einen ganz großen Vorteil: Sie können sich mitteilen! Unser Kind liegt dagegen stumm da.

Die Eltern der Patienten bleiben meist in der Klinik. Der Vater eines Jungen kann nur am Wochenende kommen, weil er so weit weg wohnt. Dann übernachtet er im Auto. Wir verstehen uns mit allen ganz gut. Die meisten Menschen haben noch nie ein Kind in Sonjas Zustand gesehen. Wir erklären es. Und erzählen. Zeigen Bilder. Freuen uns über winzigste Fortschritte, die nur wir sehen.

Der Zustand der Haut um die Austrittstellen der Nägel wird immer dramatischer. Am 18. September ist es so weit: Sie sollen unter Narkose entfernt werden. Wir gehen mit großer Sorge in diesen Tag: Die Wirkung der Narkose auf Sonjas Zustand ist nicht kalkulierbar. Bei der Operation werden auch die Ohren gereinigt. Immer noch treten getrocknete Blutgerinnsel und Krusten aus.

Wir bleiben an diesem Morgen zu Hause und warten. Sofort, als Sonja aus dem OP kommt, werden wir angerufen. Dann machen wir uns mit gemischten Gefühlen auf den Weg. Als wir im Krankenhaus eintreffen, ist sie bereits wieder in ihrem Zimmer. Der Eingriff ist gut verlaufen, das Bein mit einem frischen Gips versorgt. Wir sind sehr froh, dass alles gut gegangen ist. Unsere Befürchtungen wegen möglicher Folgen durch den Eingriff haben sich nicht bestätigt.

Wir bleiben den ganzen Tag bei Sonja. In regelmäßigen Zeitabständen kontrollieren die Schwestern und Ärzte die Reflexe der Augen und messen den Blutdruck. Alles ist gut. Wir gehen abends erleichtert nach Hause. Kaum daheim angekommen läutet das Telefon. Unser Seelsorger ist gerade unterwegs und erkundigt sich über das Autotelefon nach dem Zustand von Sonja. Meine Frau berichtet ihm, dass die Operation gut verlaufen sei.

Am anderen Morgen sind wir wieder um acht Uhr in der Klinik. Wir gehen in Sonjas Zimmer. Die Krankenschwester steht gerade an ihrem Bett, als wir das Zimmer betreten. Ein rascher Blick, ob Sonja wach ist. Wir gehen durch den Raum. „Guten Morgen, Sonja", begrüßen wir sie laut. Dann gehen wir, wie immer, links und rechts an ihr Bett und beugen uns zu ihr hinunter. Plötzlich richtet sie sich auf, breitet ihre Arme aus und legt sie auf unsere Schultern. Zum ersten Mal seit sechs Wochen eine selbstständige Reaktion, ein Zeichen, dass sie uns erkennt. Und Sonja weint die ersten Tränen seit dem Unfall!

Wir sind so ergriffen, dass wir mitweinen. Die Krankenschwester steht bei diesem sensationellen Ereignis noch im Raum. Auch sie kann die Tränen nicht zurückhalten, als sie uns mit Sonja in der Mitte sieht und ihr Weinen hört. Schnell geht sie aus dem Zimmer. Es ist noch kein richtiges Weinen von Sonja, so wie früher. Aber die erste Gemütsregung seit dem schrecklichen Geschehen! Dieser Tag beginnt gut.

Ich verlasse zum ersten Mal seit dem Unfall meine Frau mit Freude im Herzen und fahre den weiten Weg zur Arbeit. Unterwegs mache ich mir viele Gedanken. Dabei wird meine Freude so groß, dass ich bei einer Metzgerei anhalte und für alle Mitarbeiter einen Imbiss kaufe. Im Büro erzähle ich allen von Sonjas Fortschritt an diesem Morgen. Der Chef und die Kolleginnen freuen sich mit mir und machen mir Hoffnung, dass nun doch offensichtlich die Genesung fortschreite.

Wir sind überzeugt, dass sich Sonjas Zustand jetzt schnell aufwärts entwickelt. Erwartungsvoll gehen wir jeden Morgen in das Krankenzimmer. Doch auch an den folgenden Tagen bleibt es „nur" bei der morgendlichen Begrüßung. Sie wird zum Ritual: Arme um uns legen und weinen. Sonst nichts.

Unser Kind bekommt jetzt viel Besuch. Vertraute Personen treten an ihr Bett: Omas und Opas, Onkel und Tanten. Unsere Freunde bringen auch ihre Kinder mit. Sonja hatte alle diese Menschen sehr lieb. Wir hoffen, dass ihre Gegenwart alte Erinnerungen aufleben lässt und Sonjas Gedankenwelt neu belebt. Noch kann sie auf diese Reize nicht reagieren.

Wir halten uns zurück, am Krankenbett über den Unfall und Heiko zu sprechen. Weil wir nicht wissen, ob unser Kind eventuell doch etwas von unseren Gesprächen mitbekommt.

Sonja weiß ja noch nicht, dass sie ihren Bruder verloren hat. Vor dem Tag der Wahrheit haben wir heute schon Angst. Er steht vor uns wie ein großer Berg.

Nach langem Bangen und Warten hat die Uni-Klinik für Sonja einen Platz in einer Reha-Klinik gefunden. Die Sozialbetreuerin der Universitätsklinik kann nach vielen Vorgesprächen einen Besuchs- und Besprechungstermin mit dem neuen Krankenhaus festlegen. Am 25. September dürfen wir uns dort vorstellen. Seit dieser Tag feststeht, freuen wir uns auf die weitere Versorgung und Therapie von Sonja. Jetzt bewegt sich wieder etwas!

Noch sind wir im Krankenhaus und warten auf den Tag, an dem wir Sonja in der Reha-Klinik vorstellen dürfen. Im Rollstuhl fahren wir unser Kind im Krankenzimmer der Uni-Klinik herum. Solche „Ausflüge" dauern kaum eine Minute: Sonja schreit auf, sobald sie das Bett verlässt. Sie fühlt sich unsicher, hilflos. Ich habe Sonja auch schon mehrmals auf den Armen im Zimmer herumgetragen, damit sie mich spürt, wenn sie ihr Bett vermisst. Solange wir im Zimmer bleiben, geht das. Aber sobald wir durch die Türe gehen, schreit sie auf und klammert sich ganz fest an mich. Sie ist stark, wenn sich ihre Arme um meinen Hals schlingen. Also auch ein Fortschritt, dass sie auf räumliche Änderungen so spontan reagiert.

Sonja kann noch nicht aus eigener Kraft stehen, verweigert weiterhin jegliche Nahrungsaufnahme, trinkt nicht und wird mehrmals am Tag sondiert. Seit Monaten erhält sie dieselbe Nahrung, die eine sichtbare Gewichtszunahme bewirkt.

Täglich werden die Operationswunden zwei Mal kontrolliert. Im Gips sind kleine Fenster eingesägt, die mit Pflastern verschlossen sind. Jetzt zieht sie am Pflaster, wenn wir sie dazu auffordern. Wenn sie kein Interesse mehr daran hat, klappt sie die Fenster wieder zu.

Sie schaut auch von ihrem Fensterplatz aus dem Bett in die Ferne. Wir haben den Eindruck, dass sie beginnt, etwas von ihrer Umwelt wahrzunehmen. Und dennoch: Sie muss noch viele Etappen zurücklegen, bis von einer echten Besserung gesprochen werden kann. Es ist schon ein kleines Wunder, dass sie jetzt ganz langsam wieder auf Reize reagiert.

Zwei Krankenschwestern der Akutklinik kümmern sich besonders liebevoll um Sonja. Sie beschäftigen sich viel mit ihr und sagen ihr immer, was sie jetzt gerade mit ihr tun. Wir spüren, dass unser Schicksal ihnen zu Herzen geht. Wir reden auch über private Dinge, über den Urlaub und unsere Familien. Sie fragen meine Frau immer wieder, wie es ihr geht und sichern uns zu, in unserer Abwesenheit besonders auf Sonja aufzupassen. Eines Sonntags wollen wir Sonja besuchen und erschrecken, als wir das Zimmer betreten: Sonjas Bett ist weg. Eine unserer „besonderen" Krankenschwestern badet heute unser Kind! Zum ersten Mal nach fast zwei Monaten ist Sonja so weit, dass sie fast am ganzen Körper mit Wasser in Berührung kommen darf. Vorsichtig und behutsam reinigt die Schwester den Körper unseres Kindes. Anschließend reibt sie die Haut mit Pflegemittel ein. Sonja riecht wieder richtig gut, für uns eine ganz neue Erfahrung. Sonja hilft mit und hält mit der gesunden Hand den Waschhandschuh. Einfache Anweisungen befolgt sie jetzt und verfolgt mit ihren Blicken, wie sie gewaschen und eingecremt wird. Das Ganze dauert lange Zeit und braucht viel Geduld. In fast allen der vielen Dienstschichten begegnen wir den Schwestern. Es gibt Tage, an denen sie Dienstschluss haben, wenn wir morgens kommen. Und es kommt vor, dass sie schon am selben Abend wieder zum Dienst antreten, wenn wir wieder nach Hause fahren. Längere Phasen schließen sich an, in welchen sie dienstfrei haben. Dann freuen wir uns, wenn ihr Urlaub vorbei ist und wieder vertraute Gesichter auf der Station sind. Wenn sie einige Tage dienstfrei hatten, sehen sie viel eher positive Veränderungen an Sonjas Zustand als wir, die wir sie tagtäglich pflegen. Sie sprechen mit uns darüber und machen uns Hoffnung. Wir verstehen uns einfach gut.

Heute frage ich mich, wo meine Frau die Energie hergenommen hat. Jeden Tag am Bett des Kindes. Zu Untersuchungen begleitet, gepflegt, gehofft, gewartet. Unermüdlich.

Dazu der Schmerz um die Leiden des Kindes, die Trauer um Heiko und die ungewisse Zukunft.

Ganz zu schweigen von den eigenen Beschwerden, die sich durch das tägliche Sitzen und den Bewegungsmangel nur langsam bessern. Sie hat viel Kopfweh. Sie müsste dringend zum Arzt, nimmt sich dafür aber keine Zeit. Das kranke Kind ist ihr viel wichtiger als die eigene Gesundheit.

Wir können tagsüber nicht miteinander reden, weil sie das Kind nicht alleine lassen kann und ich arbeiten muss. Abends sind wir total erschöpft, wenn Ruhe einkehrt. Und wollen nicht immer dasselbe Thema als Gesprächsinhalt haben.

Weil die Gedanken und Sorgen uns keine Ruhe lassen, sind wir immer frühmorgens wach. Wir brauchen keinen Wecker. Die Tagesarbeit ist zu erfüllen, vieles zu erledigen. Ich fahre jeden Tag

200 Kilometer. Manche Menschen können uns nicht ansprechen. Sind sie von unserem Schicksal überfordert? Ist es deshalb so schwierig für sie? Es gibt auch Tage, an denen wir mit unserer Trauer allein sein möchten. Schwierig ist es, die Gedanken am Schreibtisch auf die Arbeit zu konzentrieren. Unser Schicksal wird auch im Kundenkreis bekannt. Am liebsten bin ich für mich allein im Büro und vergrabe mich in meiner Arbeit. Wir haben keine Zeit, den Tod von Heiko zu verarbeiten, weil täglich neue Sorgen durch den Zustand von Sonja entstehen. Viele Gedanken beschäftigen mich, die immer wieder in bohrenden Fragen münden: Wird mit Sonja alles wieder gut? Wie werden wir die Zukunft ohne Heiko erleben? Das veränderte Leben nach dem gewohnten Ist-Zustand zweier gesunder Kinder auf ein vielleicht für immer schwer pflegebedürftiges, krankes Kind ist so einschneidend anders.

An einigen Tagen sind wir sehr froh, dass Verwandte und Freunde bereit sind, meine Frau morgens in die Klinik zu bringen. Ihre Hilfsbereitschaft spart mir an solchen Tagen einen Weg und viel Zeit.

Meine Frau möchte so weite Strecken noch nicht alleine am Steuer des Autos zurücklegen.

Während wir die neue Bleibe in der Reha-Klinik ansehen, geht heute die Schwägerin zu unserem Kind in die Klinik. Wir sind froh, dass Sonja nicht den ganzen Tag allein sein muss. Obwohl nur zehn Kilometer weiter als die Uni-Klinik von uns entfernt, liegt dieser Ort, in der Sonja rehabilitiert werden soll, aber bei weitem nicht so verkehrsgünstig.

Die Reha-Kinderklinik liegt am Rand eines kleinen Städtchens. Wir finden sie gut nach der Beschreibung, die wir telefonisch erhalten haben. Dort angekommen, müssen wir zuerst tief durchatmen. Wir werden durch die Klinik geführt, unsere Begleiterin zeigt uns die Therapieräume und Stationen. Manche Türe steht offen. Die transportfähigen Patienten haben heute einen Ausflug gemacht. Deshalb sind jetzt nur die Kinder im Haus, die das Bett nicht verlassen können. Wir haben uns in der Akutklinik schon mit vielen Schicksalen auseinander gesetzt. Aber so viel Leid wie hier in der Reha-Klinik haben wir noch nie unter einem Dach gesehen.

Auf den Fluren stehen Rollstühle, Spezialsitze, Matratzen und orthopädische Hilfsmittel. Wir werden dem leitenden Arzt vorgestellt.

Er erzählt uns aus seiner großen Berufserfahrung, die er in diesem Haus gesammelt hat. Lange sind wir in seinem Büro, er erklärt uns den für Sonja geplanten Therapieverlauf. Schonend bereitet er uns darauf vor, dass eine Verweildauer im Haus von bis zu zwei Jahren durchaus üblich ist. Nach Schädel-Hirn-Verletzungen sei dies ein gängiges Zeitfenster.

Wir sind hier, damit Sonja geholfen werden kann. Und nun solche Aussichten? So haben wir uns das nicht vorgestellt! Wir sind entsetzt, zumal bisher niemand mit uns darüber gesprochen hat, wie lange so etwas dauern kann. Wir stehen in Gedanken vor dem gähnenden Abgrund, dass Sonja nie die Schule besuchen kann. Das Zusammensein mit unserem Kind, alles, was wir uns so erhofft hatten, ist nun in Frage gestellt.

Wie geht es nun weiter? Meine Frau soll während der ersten drei Wochen am Ort bleiben. In der Klinik gibt es jedoch keine Übernachtungsmöglichkeit. Wir klammern uns an den Strohhalm, dass es unweit der Klinik eine Pension gibt. Dort können die Eltern der kleinen und jugendlichen Patienten während der Anwesenheitsintervalle ein Zimmer anmieten. Gleich nach dem Gespräch gehen wir dorthin und melden meine Frau an. Sonja soll am 30. September hierher verlegt werden. Leider ist erst ab dem 6. Oktober ein Zimmer auf Dauer frei. In der Zwischenzeit müssen wir, mit Ausnahme zweier Tage, zwischen Wohnung und Klinik pendeln.

Mit gemischten Gefühlen über unsere Zukunft fahren wir wieder zurück zu Sonja. Ihre Tante hat auf uns gewartet. Im Krankenzimmer war heute viel Unruhe. Trotz des warmen Spätsommertags darf das Zimmer nicht oft gelüftet werden, weil das Kind neben Sonja sehr schwer verletzt und frisch operiert ist. Es war drei Stockwerke tief gefallen.

An diesem Abend haben wir noch volles Programm: Für Sonjas Schulklasse ist Elternabend. Obwohl wir von den heutigen Gesprächen und deren Perspektiven enttäuscht sind, raffen wir uns auf und gehen in die Schule. So, als ob Sonja in diese Klasse gehören würde. Die Lehrerin und die Rektorin begrüßen uns freudig. Wir berichten über den augenblicklichen Zustand unseres Kindes und erhalten die Zusage, dass der Platz für Sonja weiterhin freigehalten wird. Die Lehrer gehen von einer Wende zum Positiven aus und versprechen, uns zu unterstützen.

Am Freitag wird Sonja zum letzten Mal untersucht, alle Werte nochmals erhoben. Am letzen Tag vor der Verlegung kommt der schon lange angekündigte Neurologe vom Kinderkrankenhaus zur Untersuchung. Er gibt Sonja seine Taschenlampe, mit der er die Augenreflexe prüfen wollte, in die Hand. Sie nimmt das Oberteil der Lampe ab und wirft es in eine Ecke des Zimmers! Alles mit unbewegtem Gesicht, als ob sie das nicht betreffen würde. Wir lachen über ihr Verhalten. Das erste Mal, dass sie so spontan reagiert. Wenn sie nur einmal reden würde!

Seit Wochen habe ich darum gebeten, dass wir bei der Entlassung alle Bescheinigungen und Unterlagen erhalten. Ich benötige sie dringend für die Versicherung, um nachzuweisen, dass die Fahrten in die Uni-Klinik in diesem Maße erforderlich waren. Nur dann bekomme ich die Fahrtkosten erstattet. Heute liegt immer noch nichts für mich bereit. Ich schreibe noch einmal einen Zettel, mit der Bitte, diesen dem Arzt zu geben und das Nötige zu veranlassen. Ich bekomme meine Papiere am anderen Tag, genau eine Viertelstunde, bevor wir die Klinik verlassen.

Am Montag, 30. September, wird Sonja in die Rehabilitationsklinik verlegt. Auf diesen Tag haben wir so lange gewartet. Endlich ist es so weit. Mit neuem Mut und Elan stehen wir früh auf, verlassen das Haus und fahren zum letzten Mal in die Uni-Klinik. Mittlerweile kenne ich fast jeden Baum an der Strecke. Den ganzen Vormittag verbringen wir am Bett des Kindes. Unser letzter Tag in dem mittlerweile vertrauten Haus. Nach und nach haben sich die Krankenschwestern von uns verabschiedet. Auch von der Intensivstation haben noch manche Ärzte und Schwestern nach Sonja gesehen und uns viel Glück und alles Gute gewünscht. Wir haben hier viele liebe Menschen kennen gelernt. Es tut gut, dass sie an uns denken. Der Vormittag dehnt sich unendlich, bis die bestellten Sanitäter mit dem Krankenwagen kommen. Wir haben schon alles im Koffer verstaut, neue Kleider und Wäsche für Sonja habe ich im Auto. Die Kassetten gehen mit auf die Reise. Auch Kleider für meine Frau haben wir dabei, sie bleibt die ersten zwei Tage dort, bis wir pendeln müssen. Ich habe Urlaub und begleite meine Frau und meine Tochter mit dem Auto.

Der Krankentransport ist auf zwölf Uhr bestellt. Wir warten. Sonja ist heute richtig angezogen. Wir sind es nicht mehr gewohnt, sie in Kleidern zu sehen. Unser Kind geht auf Reise! Mit Windeln natürlich. In der Reha werden die Kinder immer angezogen, um sie wieder an den Tag-Nacht-Rhythmus zu gewöhnen. Der Schlauch der Magensonde ist mit Pflaster an der Wange festgeklebt, damit sie ihn nicht wieder herausziehen kann. Unsere zwei „Lieblingskrankenschwestern", die sich immer viel Zeit für die Pflege von Sonja genommen haben, sind heute extra früher zum Dienst gekommen, damit wir uns noch einmal sehen und voneinander verabschieden können. Die Überraschung ist ihnen voll gelungen und wir freuen uns riesig, dass sie unsere Abreise miterleben möchten. Sogar einen Blumenstrauß haben sie für uns mitgebracht!

Endlich kommen die Fahrer. Sie schieben eine Trage ins Zimmer und stellen sie an die Wand. Sonja schreit auf, als sich die Männer zu ihr hinabbeugen und sie auf die Trage heben wollen. Ich übernehme das, lege sie auf die Trage. Sie bäumt sich auf dem fahrbaren Bett auf, als ob sie davonlaufen wollte. Wir beruhigen sie und reden ihr gut zu, dass ihr nichts passiere und sie keine Angst zu haben brauche. Ihre Mama hält sie an der Hand, während sie gefahren wird. So gelangen wir mit unserer wertvollen Fracht über den Aufzug an den Krankenwagen. Unsere beiden Krankenschwestern haben uns bis dorthin begleitet. Wir umarmen uns zum Abschied. Worte fehlen. Wir haben so viel miteinander erlebt und geteilt in den vergangenen Wochen, menschliche Nähe im Klinikalltag verspürt. Ein Unglück hat uns zusammengeführt. Wir haben uns kennen gelernt. Und nun stehen uns allen die Tränen in den Augen, als Sonja in den Wagen geschoben wird. Jetzt beginnt ein neuer Zeitabschnitt, in den wir unsere ganze Hoffnung legen.

Das Wunder

Heute ist ein heißer Tag, ein Stück Sommer zum Aufbruch in den Reha-Aufenthalt. Meine Frau setzt sich zu Sonja in den Krankenwagen. Ich spurte ins Parkhaus und hole unser Auto. Die Männer warten am berühmten Pförtnerhäuschen auf mich. Heute habe ich das neue Auto meiner Frau dabei, das alte genießt mein Vertrauen nach den letzten Vorkommnissen nicht mehr so ganz.

Wir fahren los. Wie üblich sind alle Ampeln rot, während wir uns durch den Mittagsverkehr stauen. Etwas außerhalb der Stadt sehe ich hinter den Milchglasscheiben des vorausfahrenden Krankenwagens immer wieder den blonden Haarschopf von Sonja auftauchen. Sie scheint unruhig zu sein. Wir können uns nicht verständigen, obwohl wir nur wenige Meter voneinander getrennt sind.

Die Fahrt dauert eine gute Stunde. Ich sehe die Unruhe im Krankenwagen vor mir, meine Frau hält wohl Sonja auf den Armen. Sonjas Kopf geht in alle Richtungen. Im Auto wird es jetzt richtig warm. Die Mittagssonne hat noch viel Kraft an diesem Spätsommertag. Ich fahre mit offenem Fenster und genieße den kühlenden Fahrtwind.

Endlich sind wir am Ziel. Der Sanitäter kennt sich nicht aus und winkt mir, dass ich das letzte Stück vorausfahre. Ich halte am Besucherparkplatz der Klinik und gehe schnell zu dem Krankenwagen, in dem das unruhige Kind nur mühsam von meiner Frau gehalten werden kann. Der Schweiß steht auf allen Gesichtern. Meine Frau sagt: „Stell dir vor, Sonja hat etwas gesagt!“

Ich bin sprachlos. Das kann doch gar nicht sein. Seit Monaten keinen Ton, und jetzt hat sie geredet?

Es stimmt wirklich. Sonja wurde es so warm, dass sie ihre Hose ausziehen wollte. Meine Frau sagt mir, dass Sonja den Finger hoch gehalten, sie angesehen und dann gesagt habe: „Hose runter". Wir können das Wunder nicht fassen.

In der Reha-Klinik werden wir schon erwartet. Die Sekretärin des Klinikleiters, die uns beim letzten Besuch durch das Haus geführt hat, ist wieder für uns da. Sonja ist jetzt ganz still. Aber sie hat immer noch Panik und lässt sich fast nicht halten. Ich trage sie bis zur Station, auch im Aufzug. Das ist beschwerlich wegen des dicken Gipsbeins. Die Sanitäter fahren den Koffer und Sonjas Stofftiere auf der Trage mit. Wir geben ihnen ein Trinkgeld und sind dann kurze Zeit allein in Sonjas neuem Zimmer.

Hier sieht es ganz anders aus als in der modernen Akutklinik. Alles ist viel kleiner, in den Zimmern sind keine Apparate oder Anschlüsse, es riecht so eigenartig hier. Vielleicht werden die kleinen Räume nicht gut gelüftet? Wir erinnern uns an unseren letzten Besuch. Irgendwie herrscht in dem Haus eine etwas bedrückende Atmosphäre. Es ist nicht so hell wie in dem Gebäude der Uni-Klinik. Vielleicht ist die Stimmung auch Ausfluss der vielen Schicksale, die hier vereint sind? Wir werden uns daran gewöhnen müssen.

Aus dem Fenster haben wir einen schönen Ausblick auf den Wald, der sich hinter dem Klinikgebäude anschließt. Ein Reiter lenkt sein Pferd über den schmalen Feldweg, der zwischen dem Seitengebäude und dem Waldrand verläuft. Durch die Ortsrandlage ist es hier sehr ruhig. Wir bekommen etwas zu trinken, während Sonja auf dem Bett sitzt, wie gewohnt an der Lippe zupft und in die Gegend starrt. Ihr Blick ist ausdruckslos, sie zeigt keine Regung. Wir reden mit ihr und beschreiben in Worten, was wir alles im Zimmer sehen: Ein Schrank, zwei Betten, ein Waschbecken,

Handtücher, Lampen. An den Wänden um das andere Bett hängen viele Bilder und ein Mobile. Auch an den Fenstern sind Bilder. Das zweite Bett ist leer. Eine zusammengelegte Decke wartet auf die Nacht.

Nach ungefähr einer halben Stunde werden wir in das Untergeschoss gebeten, wo wir der behandelnden Ärztin und den Therapeutinnen vorgestellt werden. Wir erzählen unsere Geschichte. Vermeiden es, den für Heiko tödlichen Unfallausgang zu erwähnen. Sonja soll es nicht jetzt und auf diese Art erfahren.

Wir sitzen in einem großen Kreis: wir beide, (Sonja haben wir in die Mitte genommen), die Stationsärztin, die Stationsschwester, der Schulleiter der hauseigenen Klinikschule, die Ergotherapeutin, die Krankengymnastin, die Logopädin, der Psychologe. Freudestrahlend können wir von dem heutigen Ereignis berichten, dass Sonja wieder reden kann. Auch wenn es nur zwei Worte waren, wir sind darüber so glücklich! Unsere Zuhörer zeigen sich auch erfreut über diesen gewaltigen Fortschritt. Ich versichere ihnen, dass das keine schöne Geschichte sei, sondern Wahrheit ist. Sonja sitzt da, als ob das alles an ihr vorbeiginge.

Der Tag war sehr anstrengend. Wir gehen wieder auf das Zimmer zurück. Unterwegs orientieren wir uns noch ein wenig im Haus. Es gibt einen Speiseraum im Erdgeschoss, wo die Eltern das Essen einnehmen können. Nicht weit davon entfernt ist ein Spielzimmer mit Fernseher. Die Ärztin hat sich angemeldet. Sie möchte noch einiges mit uns besprechen wegen Sonjas Ernährung. Außerdem muss unser Kind nach wie vor einen scheußlich nach künstlichem Himbeeraroma riechenden Saft einnehmen. Das Antibiotikum wird erst abgesetzt, wenn die Wunden vollends abgeheilt sind. Wir zeigen die Operationswunden an ihrem Bein. Jetzt kommt Sonjas Part: Pflasterfenster am Gipsbein auf, Fenster zu, Fenster auf. Dann hole ich die Koffer mit Sonjas Sachen, meine

Frau räumt den Schrank ein. Auch die Kassetten laufen schon wieder. Sonja liegt apathisch in der hintersten Ecke des Bettes und will wieder geschaukelt werden. Ab und zu dreht sie den Kopf und schaut sich im Zimmer um. Immer wieder formt sie Worte und gibt einzelne Laute von sich. Sie übt Sprechen. Mit ganz eigenartiger Stimme. Schleppend und langsam. An diesem Tag hat sich Sonjas Zustand nicht nur leicht verbessert, sondern sie hat sich geradezu nach vorne katapultiert! Was haben wir heute alles miteinander erlebt: Kleider- und Ortswechsel, zwei Worte sinnvoll und richtig gesprochen, Aufnahme in ein kompetentes Therapieteam.

Abends wird Sonjas Bettnachbarin gebracht. Sie sitzt im Rollstuhl. Wir erfahren, dass sie schon seit zwei Jahren in diesem Haus ist. Seit einem schweren Asthmaanfall ist sie behindert, weil ihr Gehirn während des Anfalls eine Sauerstoffunterversorgung erlitten hat. Das Mädchen kann seither nicht mehr reden, sich nicht selbst bewegen, nicht essen und ist absolut auf die Hilfe des Klinikpersonals angewiesen. Nachts wird sie umgelagert, damit sie sich nicht wund liegt. Dazu sind besonders geformte Schaumgummiteile im Bett, die sie in der richtigen Lage festhalten. Sie blickt zu uns, wir zu ihr. Im Lauf der Zeit gewöhnt sie sich an uns. Sie lacht leise vor sich hin, wenn man ihren Namen sagt.

Die Besuchszeit ist um halb acht zu Ende, wir müssen gehen. Wir sind sehr müde nach diesem anstrengenden Tag. Er brachte uns viel Freude. Ich habe am Nachmittag noch die Kleider meiner Frau in die Pension gebracht, morgen muss ich wieder zur Arbeit und kann erst am 3. Oktober, dem Feiertag, wiederkommen. Ein neuer Abschnitt in unserem Leben.

Mit Ausnahme des Wochenbetts nach der Entbindung unsrer Kinder waren wir jeden Tag beisammen. Schweren Herzens, weil ich meine Lieben jetzt alleine lassen muss, und doch voller Hoffnung fahre ich zurück. Jetzt sind es siebzig Kilometer nach Hause.

Bisher konnten wir uns jeden Tag lange über die Erfolge und Niederlagen jedes Tages austauschen, nun ist meine Frau mit ihrem Schicksal allein. Ich kann es fast nicht erwarten, bis ich am Feiertag frühmorgens losfahren kann. Ich werde erwartet von meiner Tochter! Ein ganz neues Gefühl für mich, wenn ich komme. Sonja ist nicht mehr teilnahmslos!

Sie sitzt in einem Rollstuhl und ruft: „Papa, mein Papa. Komm!"

Ich beuge mich zu ihr hinunter. Sie drückt mich ganz fest mit ihrem gesunden und kräftigen Arm. Hält mich fest und weint. Wir weinen alle.

Sonja bekommt immer wieder Besuch von anderen Patienten der Reha-Klinik. Unter anderem ein Junge aus einer 700 Kilometer entfernten Stadt. Er ist Patient auf demselben Stockwerk, kann selbst mit seinem Rollstuhl fahren. Er erzählt uns immer dasselbe, fährt ständig mit einem Bilderbuch auf den Beinen in das Zimmer und zeigt uns die Tiere, die darauf abgebildet sind. Auf unsere Fragen weiß er keine Antworten.

In der folgenden Nacht sind wir zu Hause, weil die Unterkunft meiner Frau schon vorbelegt war. Wir bereiten Sonja schonend darauf vor, dass wir ganz dringend etwas zu erledigen haben. Nach Heiko hat sie noch nicht gefragt.

Auch auf der Station melden wir uns für den nächsten Vormittag ab. Wir hoffen, dass Sonja mitmacht und alles gut geht. Schweren Herzens verabschieden wir uns von unserem weinenden Kind. Uns ist selber auch danach. Es fällt schwer, so zu tun, als ob alles in Ordnung wäre.

Überhaupt zehrt alles an den Nerven. Sonja ist sehr weinerlich. Wenn wir auch noch unseren Gefühlen freien Lauf lassen, wird das unser Kind zusätzlich belasten. Also wie schon bisher: stark sein.

Wir kommen spätabends heim und erkundigen uns noch einmal telefonisch nach Sonjas Zustand. Sie hat sich inzwischen beruhigt und schläft. Hoffentlich lange. Ihr Gips ist hinderlich, sie ist in der Bewegung sehr eingeschränkt und hat deshalb einen leichten Schlaf.

Wir können alles zu Hause erledigen und packen die Kleider meiner Frau für die nächste Woche ein. Gerade als wir gehen wollen, läutet das Telefon. Die Stationsschwester von Sonja ist am Apparat, sie sagt, dass Sonja uns sprechen wolle. Sie verlangt nach der Mama. Sonja telefoniert mit tränenerstickter Stimme:

„Mama, ich brauche ein Bild von Heiko. Niemand sagt mir, wo er ist. Ich will es endlich wissen, wo er ist."

Meine Frau verspricht ihr, ein Bild ihres Bruders mitzubringen. Jetzt wird es ernst. Zum ersten Mal bin ich wieder total am Boden. Ich weine aus Sorge, dass der Schock der Realität Sonjas gegenwärtigen Zustand verschlechtert. Weiß mir nicht zu helfen. Versuche, telefonisch unseren Seelsorger zu erreichen. Er kommt gerade in dem Moment heim, als ich anrufe. Ich bin so aufgewühlt, dass ich fast nicht sprechen kann. Er beruhigt mich und verspricht, uns in dieser neuen Konfrontation mit dem Leid betend zu begleiten. Er gibt mir den Rat: „Wenn Sonja von sich aus nach Heiko fragt, dann sage ihr, was wirklich passiert ist. Aber nur dann, wenn sie nach ihm fragt. Ich wünsche Euch, dass Ihr dann die richtigen Worte findet und es Ihr sagen könnt." Voll Furcht und Sorge, dass die harte Wahrheit Sonja wieder in ihren apathischen Zustand zurückwerfen könnte, machen wir uns auf den Weg. Unsere Nerven sind zum Zerreißen gespannt, als wir ankommen und langsam zu Sonjas Station gehen.

Sonja ist außer sich vor Freude, als wir kommen und sie uns wieder sieht. Erst nach einiger Zeit merken wir, dass sie keine Magensonde mehr hat. Der Schlauch hängt nicht mehr aus der Nase! Sie hat der Schwester versprochen, mehr zu essen und zu trinken. Also ist der Schlauch entfernt worden. Sonja ist stolz, ohne dieses baumelnde Stück Gummiröhre leben zu können. Wir haben uns innerlich auf diese Begegnung vorbereitet. Und es kommt ganz anders als wir dachten: kein Wort über Heiko, keine Frage nach ihm.

Wir hängen das versprochene Bild von Heiko auf.

Dazu einige Bilder von früher. Vom Garten. Von der Haselmaus, die ich kurz vor dem Unfall fotografiert habe. Keine Reaktion.

Sonja hat einen Wunsch: Sie möchte Pizza essen. Unglaublich, was sich hier abspielt. Wochenlang sondiert und unfähig, selbstständig zu essen oder zu trinken, geschweige denn Wünsche zu äußern. Jetzt innerhalb weniger Tage diese Veränderung! Sie spricht schleppend, durch die Gesichtslähmung undeutlich. Aber wir verstehen sie.

Ich mache mich auf, gehe durch die Straßen und finde eine Bäckerei. Dort erstehe ich für mein Kind ein Stück Pizza. Schnell zurück in die Klinik. Sonja wartet schon sehnsüchtig auf mich. Ich mache die Tüte auf. Sonja kann nur eine Hand bewegen, wir helfen ihr. Dann reißt sie sich ein Stück Pizza ab und steckt es sich in den Mund. Beißt. Schluckt. Alles in Ordnung. Wir sind so froh!

Frisch gestärkt machen wir einen Spaziergang mit unserem „Kinderwagen". Dies ist ein speziell für behinderte Kinder konstruiertes Gefährt. Es ist einem Kinderwagen ähnlich, nur eben größer. Der Sitz ist verlängert, um das Gipsbein hochlegen zu können. Im Aufzug können wir alle miteinander fahren. Ich bugsiere Sonja mit Wagen in die Kabine. Es wird eng und ich muss mich weit vorbeugen, damit sich die Türe hinter uns noch schließen kann. Sonja ist begeistert von dem Fahrzeug und lauert buchstäblich auf jeden Moment, wenn sie damit hinausdarf. Seit August war sie nicht mehr draußen. Die erste Oktoberwoche ist trocken, es sind wunderschöne Tage. Nur mit der leichten Jacke bekleidet, ziehen wir unsere Runden um die Klinik. Wenige hundert Meter weiter führt der Weg durch Wiesen und Wälder, es ist wunderschön still hier. Mittags bekommen wir Besuch: Meine Eltern und mein Bruder mit Familie. Sonja nennt sofort alle beim Namen und freut sich riesig, als sie auch den Hund meines Bruders sieht.

Ein weiterer Beweis, dass sie ihr Gedächtnis nicht verloren hat. Welch ein Anlass zur Freude! Der Hund geht neben Sonja, sie streichelt ihn immer wieder. Beugt sich aus dem Wagen und greift mit den Fingern in seinen dicken Pelz. Viel zu schnell vergeht die Zeit. Als unser Besuch wieder gehen muss, weint Sonja zum Erbarmen. Sie ruft allen nach, dass sie bald wieder besucht werden möchte und winkt, bis das Auto ihrem Blick entschwunden ist. Wir fahren wieder nach oben, es wird schon früh Nacht jetzt.

Im Zimmer angekommen, fragt sie: „Mama, wo ist mein Heiko?" Jetzt kommt die Stunde der Wahrheit. Tief durchatmen!

Meine Frau erklärt ihr ganz liebevoll: „Ich hatte mit Heiko und dir einen schweren Unfall mit dem Auto, als wir zur Tante gefahren sind. Du bist mit dem Hubschrauber ins Krankenhaus geflogen worden. Warst ganz lange ganz schlimm krank. Und jetzt sind wir sehr froh, dass es dir besser geht. Heiko ist bei dem Unfall gestorben und ist jetzt im Himmel."

Das reicht.

Wir erleben das ganze Elend jetzt noch einmal. Denn für Sonja stirbt Heiko erst jetzt, in diesem Moment, wo sie es erfährt. Und für uns auch, zum x-ten Mal. Wir sitzen am Bett, schließen unser Kind in die Arme und weinen miteinander. Es ist so furchtbar schlimm.

Irgendwann beruhigt sie sich. Und wird wütend. Sie schreit uns an:

„Lasst mich alleine, ich will jetzt alleine sein."

Weint, steigert sich richtig hinein.

Die Stationsschwester kommt ins Zimmer. Sonja richtet sich im Bett zum Sitzen auf, zeigt zur Türe und schreit: „Raus, raus!" Die Schwester geht. Wenig später kommt der Arzt. Auch er teilt das Schicksal der Schwester: „Doktor raus!"

Wir erklären den Grund, warum Sonja so ist. Und sind froh, dass jetzt die Wahrheit gesprochen ist, weil die Begegnungen mit unserem Kind jetzt unbefangener sind. Nun ist die Spannung abgefallen, die uns schon Wochen begleitet hat. Und Sonja hat nicht den befürchteten psychischen Einbruch erlitten.

Ich muss am Abend leider wieder heim – alleine. In der neuen Woche beginnen für Sonja die erforderlichen Therapien: Logotherapie, Ergotherapie, Krankengymnastik und Psychologie.

Wir haben die Therapeuten bereits kennen gelernt. Sie freuen sich auf die Arbeit mit Sonja.

Die Logopädin wird Sonjas Stimm- und Sprachfähigkeit schulen. Redefluss, Artikulation und das Schlucken werden trainiert. Sonja wird Bilder betrachten und lernen, Begriffe und Worte zu finden, die sie bisher nur schwer ausdrücken kann.

Die Ergotherapeutin wird mit Sonja versuchen, die vorhandenen Defizite in der Fein- und Grobmotorik auszugleichen. In erster Linie betrifft dies den Bewegungsablauf auf der gelähmten Seite.

Die Krankengymnastin hat sich zum Ziel gesetzt, Sonjas beeinträchtigte Muskelfunktionen wieder zu stärken und vor allem mit

Übungen den gestörten Gleichgewichtssinn wiederherzustellen. Mit diesen Übungen soll die kleine Patientin auch ihr Selbstvertrauen in eigene Fähigkeiten wieder finden.

Der Psychologe wird sich um Sonja besonders kümmern, indem er versucht, mit ihr über den Unfall zu sprechen. Sie wird mit ihm auch Bilder malen und verschiedene Tests absolvieren.

Die Tage verlaufen eintönig. Ich bin alleine, meine Frau ist bei Sonja. Wir sehen uns erst am Wochenende wieder. Wenn der Wecker läutet, sagt niemand mehr „Guten Morgen". Ich mache mein Bett, trinke ein Glas Milch, gehe zur Arbeit. Ein eigenartiger Zustand, allein zu sein. Abends komme ich heim in die Einsamkeit. Das Zwitschern der Vögel ist das einzige Zeichen von Leben im menschenleeren Haus.

Aber ich werde jetzt täglich am Arbeitsplatz von Sonja angerufen. Sie ist ganz aufgeregt, wenn sie mit mir reden kann. Am Eingang der Klinik befindet sich das einzige öffentliche Telefon. Geld muss jemand für Sonja einwerfen, der Schlitz ist zu weit oben für sie. Aber das Telefonkabel reicht gerade bis an ihr Ohr. So kann sie von ihrem großen „Kinderwagen" aus mit mir telefonieren. Der Portier hört zwangsweise mit, weil er daneben sitzt. Ebenso die Raucher, welche am Aschenbecher vor der sich automatisch öffnenden Türe stehen. Alle freuen sich über das Kind, das seinen Papa anrufen kann. In diesem Haus sprechen nicht viele Kinder frei am Telefon.

Mittwoch, 9. Oktober: Mein Telefon am Schreibtisch läutet. Ich melde mich. Sonja ruft an, überglücklich.

„Papa, ich darf am Samstag nach Hause und muss erst am Sonntagabend wieder zurück. Die Frau Doktor hat es mir erlaubt."

Das haben wir bestimmt meiner Frau zu danken! Sie setzt sich für Sonja ein und unternimmt alles, damit sie wieder ein Ziel hat und wenigstens für kurze Zeit nach Hause darf. Sonja fühlt sich nicht so recht wohl unter den vielen Behinderten, weil die wenigsten Kinder dort richtig sprechen können. Ein Junge, der von einem Auto angefahren wurde, sitzt seit seinem Unfall im Rollstuhl. Nach langen Krankenhausaufenthalten leidet er immer noch unter motorischen Störungen. Er ist das einzige Kind, mit dem sich Sonja unterhalten kann. Sie malen gemeinsam oder machen einfache Spiele.

Meine Frau hat während der Mittagspause im Speisesaal ihren schicksalsvollen Gesprächskreis: ‚it der Mutter, die wenige Tage nach uns einen Autounfall hatte. Ihr Auto hat sich überschlagen und war in einem Bach gelandet. Das Fahrzeug lag auf dem Dach, ihre beiden angeschnallten Kinder hingen mit den Köpfen nach unten im Wasser. Nach und nach lief das Fahrzeug voll. Dabei ist das größere Kind, ein Mädchen, ertrunken. Der kleinere Junge konnte gerettet werden, hat aber eine schwere Behinderung, weil sein Gehirn minutenlang unter Sauerstoffmangel litt. Er liegt nur da, kann sich nicht bewegen. Koma. Die beiden Frauen schließen Freundschaft miteinander. Ein Jahr später ist die Mutter immer noch mit ihrem Kind in der Reha. Sein Zustand hat sich kaum verbessert. Es ist furchtbar. In mehrwöchigen Intervallen lösen sich die Eltern in der Betreuung ab. Ein drittes Kind ist noch zu Hause, es muss auch versorgt werden. Entfernung zur Klinik: 300 Kilometer.

Die Mutter, die mit ihrem zweijährigen Kind auf dem Arm am Meer vom Blitz getroffen wurde. Das Kind ist seither unfähig, Lebensreaktionen zu zeigen. Nur die Augen kann es bewegen. Die Frau ist untröstlich. Weiß nicht, wie das Leben weitergehen soll.

Eine andere Mutter, deren Tochter in einem Krankenhaus plötzlich zusammenbrach und seither nicht mehr ansprechbar ist.

Sie alle wohnen in derselben Pension und beginnen den Tag gemeinsam mit der Zuversicht, dass heute eine Wende eintreten kann. Nach der Besuchszeit sind sie im Aufenthaltsraum der Pension wieder zusammen und sprechen über den Tag, über ihre Sorgen. Machen Handarbeiten. Sitzen vor dem Fernseher. Hängen ihren Gedanken nach. Alle weit fort von daheim. In Gesellschaft der vom Schicksal Getroffenen. Und allein mit ihren Gefühlen.

Pflegekräfte, Therapeuten und Ärzte, die in diesem Haus des Elends arbeiten, versuchen alles, was in ihrer Kraft steht. Sie möchten den kleinen Patienten helfen. Und die Mütter sind da, unterstützen das Personal und hoffen jeden Tag aufs Neue, dass sich die Krankheitsbilder ihrer Kinder verändern.

Manche Väter verbringen hier ihren Urlaub mit den Müttern und Kindern. „Richtige" Urlaube sind ihnen durch das Schicksal fremd geworden.

Und dann gibt es noch die am Down-Syndrom leidende Jugendliche, die den ganzen Tag am Fenster sitzt und auf den Besuch ihrer Tante wartet. Weil sie dann mit ihr ins Cafe darf.

Wir freuen uns riesig, dass wir uns am Wochenende wiedersehen, dass wir daheim sein können. Zu Dritt. Sonja zwar mit dem lästigen Gips, doch Hauptsache einige Stunden für uns.

Meine Frau verbringt jeden Tag in der Reha-Klinik. Anfangs musste sie jeden Mittag die weinende Sonja inmitten der anderen Kinder zurücklassen, weil die Hausordnung es so vorschreibt. Nach einiger Zeit wrid die starre Besuchsregelung aufgebrochen. Meine Frau darf jetzt in der Mittagspause bei Sonja bleiben. Seither geht es Sonja sichtlich besser.

Endlich ist es Freitagabend. Heute fahre ich direkt vom Büro zu meiner Familie, habe schon morgens meine Sachen für die Nacht eingepackt. Sonja strahlt, als ich nach der langen Woche endlich komme. Ich übernachte mit meiner Frau in der Pension. Morgen geht es zum ersten Mal nach Hause!

Abends betet Sonja für die Nacht: „Und lieber Gott, mach, dass es dem Heiko bei dir gut geht. Und dass ich gut schlafen kann. Und dass niemand mehr stirbt, dass nicht noch mal einer weniger da ist."

Sonja verspricht, bald zu schlafen. Die Freude auf den neuen Tag motiviert.

Nach einer guten Nacht in unserer Unterkunft und einem wunderschönen Frühstück, um das unsere Pensionswirtin sehr besorgt ist, gehen wir in die Klinik. Pünktlich um 9.00 Uhr morgens können wir Sonja abholen. Das ist der schönste Tag seit Wochen. Sonja wartet schon im Rollstuhl auf uns. Sie winkt uns, als sich die Aufzugstüre öffnet und sie uns kommen sieht. Freudentränen rinnen über ihre Wangen. Heute ist ihr großer Tag!

(Heute ist Samstag, der 29. November 1997. Ich habe begonnen, die Ereignisse um den Unfall, die Trauer um Heiko und Sonjas Genesung aufzuschreiben. Die gedankliche Nacharbeit ist sehr belastend für mich. Immer, wenn ich einzelne Details niederschreibe, bin ich wie gelähmt und sehr aufgewühlt. Ich brauche Zeit, meine auflebenden Emotionen in die richtigen Worte zu kleiden. Ich habe dabei kalte Hände und fühle, wie mein Blut durch die Adern pulsiert. Dennoch lasse ich mich nicht von diesen Eindrücken abhalten. Auch wenn es immer weh tut. Es hilft mir selbst, auch auf diese Weise darüber zu reden und die Vergangenheit aufzuarbeiten.)

Wir dürfen die Liederkassetten, welche ständig gehört werden, nicht vergessen. Dann verabschieden wir uns vom Personal. Alle freuen sich, dass wir für einige Stunden nach Hause gehen können. Sonjas Pflegerin fragt: „Kommen Sie gewiss morgen Abend wieder?" „Warum nicht?" Sie erwidert: „Manche Eltern haben eine Wochenendbeurlaubung dazu genutzt, nicht mehr zu erscheinen." Wir versprechen, dass wir nicht davonlaufen. Ich fahre Sonja im Rollstuhl nach unten. Dort treffen wir zwei Mütter, die ebenfalls mit ihren Kindern in der Klinik sind. Sie beglückwünschen uns zu dem schnellen Erfolg, weil wir schon für eine kurze Zeit nach Hause dürfen. Sonja freut sich mächtig. Sie sitzt auf ihrem Kindersitz im Auto. Das Gipsbein haben wir etwas schräg gelagert. Es darf auf keinen Fall etwas passieren, Vorsicht ist geboten. Heute fährt sie zum ersten Mal im neuen Auto meiner Frau, es gefällt ihr gut. Die Laubwälder sind herbstlich gefärbt, die Sonne lacht heute vom Himmel.

Kaum sind wir aus dem Ort durch die ersten Kurven des Waldes gefahren, wird unser Kind ganz grün im Gesicht. Ihr ist schlecht. Meine Frau hat sich schon vorsichtshalber bei der Abfahrt zu ihr gesetzt. Wir raten unserem Kind, die Augen zuzumachen, und machen die Fenster im Fahrzeug auf. Frische Luft. Nach einer ganz vorsichtigen Fahrt kommen wir mit unserer wertvollen Fracht glücklich zu Hause an.

Wir bleiben nicht unbemerkt. Die Nachbarn sehen uns, freuen sich, dass wir da sind. Ich habe die vielen Spielsachen, die Sonja während ihrer Abwesenheit geschenkt bekommen hat, alle auf der Couch im Wohnzimmer gesammelt. Wir sind schon gespannt, wie sie reagiert, zum ersten Mal seit dem 12. August wieder daheim. Ich trage Sonja vorsichtig ins Haus. Sie kennt sich noch gut aus! Uns ist mehr nach Weinen als nach Lachen zumute. Und doch sind wir voll Freude, dass ihr Gedächtnis noch so gut ist. Sonja packt alle

Geschenke aus, sitzt auf der Couch und ist selig, wieder zu Hause zu sein. Wir müssen sie überallhin tragen, sie kann ja nicht gehen.

Dann möchte sie ihr Zimmer sehen und den Schreibtisch. Erst zwei Tage vor dem Unfall haben wir ihn gekauft und aufgebaut. Es war unser Geschenk zu ihrem Schulanfang. Ich trage das Kind die enge Treppe hoch. Neben Sonjas Zimmer ist das Zimmer von Heiko. Alle Möbel stehen da, sein Bett ist überzogen. Bei einem flüchtigen Blick würde niemand ahnen, dass der Bewohner dieses Zimmers nicht mehr lebt. Ich setze Sonja auf ihren Drehstuhl hinter dem Schreibtisch. Auf der Tischplatte steht ein gerahmtes Bild ihres Bruders. Sie hatte es schon über ein Jahr lang auf dem Bücherregal stehen. Es zeigt Heiko, von der Sonne gebräunt, mit seinen hellblonden, kurz geschnittenen Haaren während einer Schifffahrt auf dem Bodensee. Er sitzt auf einer weiß lackierten Holzbank und blinzelt mit schräg gehaltenem Kopf gegen das intensive Sonnenlicht. Sie nimmt es in die Hand, sieht es lange nachdenklich an. Dann sagt sie: „Mein lieber Heiko, ich werde dich nie vergessen." Sie legt das Bild weg. Weint. Ich beuge mich zu ihr hinunter, lege meinen Arm um sie und weine mit. „Papa, warum ist Heiko gestorben?" Versuche, ihr mit zitternder Stimme zu erklären, dass Heiko bei dem Unfall sehr schwer verletzt wurde. Er hätte mit diesen Verletzungen nicht mehr leben können. Ihr Bruder ist jetzt im Himmel und freut sich bestimmt auch, wie gut es ihr wieder geht. Wir wollen nicht traurig sein und freuen uns, dass sie wieder da ist. Und dass sie bald wieder ganz gesund ist und wieder richtig gehen kann und dann immer bei uns zu Hause ist.

Während ich das schreibe, meine ich, dass ich das alles eben erst erlebe. Die Eindrücke sind so tief. Ich glaube, ich vergesse den Anblick von Sonja nie, wie sie am Schreibtisch saß, mit dem Bild ihres Bruders in den Händen. Seit ihrer Geburt war Heiko immer da. Sechs Jahre lang war er ihr großer Bruder. Sie lernte viel von ihm, die beiden haben sich nur ganz selten gestritten. All diese Erinnerungen sah ich in ihrem Blick, als sie in das Bild von Heiko versunken war. Und ich höre noch, wie ich mit traurig belegter Stimme versuchte, das Kind zu trösten.

Leider haben wir nur wenig Zeit für solche Gedanken, wir müssen nach unten. Immer wieder kommt Besuch, die Eltern, mein Bruder mit seinen Kindern, alle freuen sich mit uns, dass Sonja da ist. Auch Sonjas Freundin kommt noch für eine Stunde, der Tag vergeht wie im Flug. Meine Frau ist währenddessen beschäftigt, Wäsche zu waschen, das Nötigste zu erledigen. Morgen Abend müssen wir schon wieder zurück. Für uns selbst haben wir gar keine Zeit.

Mittags möchte Sonja auf den Friedhof. Sie will den Platz sehen, an dem Heiko begraben ist. Ich leihe von meinem Bruder einen kleinen Bollerwagen aus Holz. Darauf können wir sie transportieren. Der Gipsverband versteift das ganze Bein, deshalb kann sie nicht selbst gehen. Also transportiere ich sie mit dem Auto zum Friedhof, baue die Deichsel an den Bollerwagen, hebe Sonja aus dem Auto und setze sie in das Gefährt. Meine Frau und ich gehen nebeneinander zum Grab. Unsere Hände berühren sich, als wir gemeinsam Sonjas Wagen ziehen. Die Erde ist aufgeschüttet und hat sich noch nicht gesetzt. Sonja ist ganz still. Sie weint auch nicht. Schaut sich alles ganz genau an. Die Blumen, die Schale mit den Pflanzen, das Kreuz, auf dem Heikos Name steht. Alle unsere Namen kann sie schon lesen, obwohl sie noch nicht zur Schule geht. Jetzt sieht sie alles, was sie uns bisher glauben musste. Sie hatte von der ganzen Tragödie in ihrem Wachkoma nichts mitbekommen.

Was würde ich darum geben, wenn wir jetzt nicht hier stehen müssten! Sonja und ihr Bruder, durch zwei Meter Erde voneinander getrennt, geschenktes und genommenes Leben, nah beieinander und doch einander so fern.

Wir erzählen ihr, dass an der Beerdigung sehr viele Menschen da waren, die auch sie kennt. Nennen Namen. Sie registriert es. Nach einiger Zeit gehen wir wieder. Sonja ist still. Vielleicht wäre es besser, sie würde reden. Wahrscheinlich sind die Eindrücke zu viel für sie.

Die erste Nacht wieder im eigenen Bett. Sonja darf bei uns im Ehebett schlafen. Es ist umständlich, sie in der Nacht herunterzutragen, wenn sie auf die Toilette muss. Sie freut sich, bei uns sein zu dürfen. Mit ihrer Miezi im Arm, die sie überallhin begleitet, schläft sie bald erschöpft ein. Auch wir schlafen gut, seit einer Ewigkeit wieder ganz nahe bei unserem Kind.

Als der Wecker klingelt, sind wir alle gleich wach. Sonja weint. Wir auch. Heiko fehlt so sehr.

Sonntagmorgen, Sonja freut sich auf den Kindergottesdienst. Wir ziehen sie an, fahren zur Kirche. Es sind besondere Gefühle, an diesem Tag mit unserem Kind wieder einmal in den Gottesdienst zu gehen. Ich trage Sonja zu „ihren“ Kindern. Wir setzen sie bequem hin, unterlegen das Gipsbein. Alles geht gut.

Unbeschreiblich die Eindrücke, das Ungesagte. Unbeschreiblich die Freude der Gemeindemitglieder, dass Sonja wieder da ist. Alle wollen sie sehen, sich mit uns über den Fortschritt freuen. Ein persönliches Dankgebet am Ende des Gottesdienstes gibt uns Mut und Kraft. Für das, was noch kommt.

Wieder zu Hause, sagt Sonja plötzlich: „Mama, Papa, ich muss euch ein Lied vorsingen. Ich weiß nicht, wann ich es gelernt habe.“ Sie singt uns ein Lied vor, das auf einer Kassette ist, die sie das erste Mal im Wachkoma in der Klinik gehört hat. Vorher hat sie dieses Lied nie gehört. Ein kleines Wunder für uns, dass sie in der vermeintlichen Bewusstlosigkeit dieses Lied gehört und gelernt hat. Wir sind sprachlos.

Mittags müssen wir schon wieder zurück in die Reha-Klinik. Sonja ist sehr traurig, weil die schöne Zeit so schnell vergangen ist. Wir trösten sie, vielleicht darf sie bald wieder heim.

Wir packen die Kleider für die neue Woche ein und machen uns wieder auf den Weg. Wie bei der Herfahrt hat Sonja wieder Probleme. Ihr wird schlecht. Das wird noch einige Zeit so bleiben und ist eine Folge ihrer Verletzungen. Alle Bilder sieht sie doppelt. Bei der schnellen Bewegung kann sie diese nicht verarbeiten.

Am Dienstag der kommenden Woche haben wir einen Termin in der Akutklinik. Der erste, seit Sonja zur Reha entlassen worden ist. So haben wir nur zwei Tage zu überbrücken, bis wir uns wiedersehen. Am Untersuchungstag habe ich Geburtstag. In Gedanken wünsche ich mir zu diesem Tag, dass Sonjas Gips entfernt wird.

Heute, nach diesem ersten Wochenende daheim, ist es sehr schwer für unser Kind, wieder zurück in die Klinik zu müssen. Zu Hause war es doch so schön. Ich tröste Sonja, dass ich bald wiederkomme. Für den Untersuchungstag habe ich mir Urlaub genommen, ich will meine beiden Frauen begleiten.

Montag früh, Sonja ruft mich an im Büro. Sie freut sich sehr auf morgen.

„Papa“ sagt sie, „bald ist mein Gips weg“.

Montagabend, ich fahre direkt vom Büro aus und übernachte wieder in der Pension. Sonja war heute bereits mit Mama unterwegs, im Rollstuhl. Sie haben mir ein Geburtstagsgeschenk gekauft. Eigentlich will ich gar nichts, das schönste Geschenk wäre, wenn unser Kind wieder ganz gesund würde. Am Abend setzen wir uns noch einige Zeit in die Mütterrunde in der Pension und unterhalten uns. Über die Kinder und die Therapien, die Familien zu Hause und wie sie lernen müssen, mit den geänderten Verhältnissen zu leben. Wir trösten uns gegenseitig.

Am nächsten Morgen: Ich schlage die Augen auf. Mir fällt sofort ein: Geburtstag! Ich merke jetzt genau, wie der Unfall unser Leben in vorher und nachher trennt.

Mein erster Geburtstag nach dem Unfall beginnt schon in den Gedanken anders alles alle Geburtstage, die ich bisher erlebt habe. Der erste seit vielen Jahren ohne Heiko. Nicht darüber nachdenken. Hoffen, dass heute alles gut geht. Wir beginnen den Tag wie in der Pension üblich, im Kreis der Mütter mit einem guten Frühstück. Dann fragen wir bei der Klinikleitung nach, ob wir heute selber fahren dürfen. Aus versicherungstechnischen Gründen dürfen wir nicht ohne die Erlaubnis der Klinikleitung fahren. Bald bekommen wir die Nachricht, dass wir alleine fahren dürfen. Das ist gut, so können wir mit Sonja mehr tun und sind unabhängig. Sonja erwartet uns schon ungeduldig. Ich bekomme von meinem strahlenden Kind das Geburtstagsgeschenk überreicht. Sonja hilft mir, das Papier zu entfernen: Ein neuer Rasierapparat! Ich freue mich darüber, kann das Gerät gut gebrauchen. Der alte Rasierer hat in der Leistung schon gewaltig nachgelassen.

Die Sonne meint es heute gut mit uns. Bei schönem Wetter haben wir eine angenehme Fahrt und sind pünktlich am Bestimmungsort. Alles ist vertraut in dem Krankenhaus, fast, als wären wir nur ganz kurz weg gewesen. Die Ärzte und die Schwestern freuen sich sehr über die Erfolge, die bei Sonja sichtbar sind. Die Gesichtslähmung hat sich erfreulicherweise etwas zurückgebildet, das Auge schließt jetzt wieder besser. Das Beste: Sonja kann jetzt reden. Die Schwestern erschrecken, als sie zum ersten Mal ihre Stimme hören. Sie hat ja während der gesamten Pflegezeit außer dem morgendlichen Weinen keinen Ton von sich geben können. Im Flur auf Sonjas ehemaliger Station treffen wir den Professor. Er sagt: „Da kommt ja unser Wunderkind!"

Mein schönstes Geburtstagsgeschenk!

Nach der Vorbesprechung erhalten wir den Behandlungsschein zum Röntgen. Ich trage Sonja zum Röntgentisch. Wir verlassen die Kabine, um der Strahlung zu entgehen. Warten. Hoffen. Endlich: Der Befund ist gut, wir erhalten die Nachricht, dass sich das Knochengewebe wieder aufgebaut hat und somit der Gips entfernt werden kann. Sonja strahlt. Sie hatte Recht am Telefon: nur noch wenige Tage! Als die Gipssäge kommt, beginnt sie vor Angst zu weinen. Das Gerät macht ein fürchterliches Geräusch. Wir alle haben Angst, dass es die Haut verletzt. Bis uns jemand sagt, dass die Sägewirkung lediglich durch Vibration entsteht und ihrem Bein dabei gar nichts passieren kann. Sonja beruhigt sich wieder.

Mit einem Liegesessel fahren wir zur Untersuchung. Das Bein ist ganz dünn geworden. Es war ja monatelang im Gips ruhig gestellt. Der Chirurg biegt Sonjas Bein hoch. Sie schreit auf vor Schmerz. Die Muskeln haben sich stark zurückgebildet. Sonja muss wieder gehen lernen. Auf der Haut sind durch das feuchte Klima im Gipsmantel schwarze Haare gewachsen. Sonja verzweifelt fast, als sie das sieht. Der Arzt beruhigt sie und meint, die Haare würden bald wieder verschwinden. Ein kleiner Trost nach diesem Schreck.

Heute gehen wir ganz erleichtert aus dem Krankenhaus. Sonja ist nun etwas leichter, weil der hinderliche Gips endlich weg ist. Sie muss aber sehr aufpassen, dass sie nicht hinfällt, weil der Knochen zwar zusammengewachsen, aber noch nicht belastbar ist. Wieder eine Hürde genommen!

Zur Feier des Tages fahren wir in eine Gaststätte zum Essen. Ganz bescheiden feiern wir Geburtstag – zu dritt. Sonja ist fröhlich: Es gibt endlich wieder einmal Pommes. Abends bringen wir Sonja wieder in die Klinik.

Die Schwester sagt: „Sonja, wir haben dein Nachtessen noch hier." Sonja strahlt. „Ich habe schon gegessen. Mein Papa hat uns eingeladen." „Du hast ja keinen Gips mehr." „Ja, jetzt kann ich bald wieder gehen." Alle freuen sich mit uns. Sonja kann weitertherapiert werden. Müde und erleichtert fahre ich spätabends heim. Ein anderer Geburtstag als alle anderen zuvor. Auch schön. Und traurig. Ich komme nach Hause. Keine Gäste, kein Lachen, keine Fröhlichkeit, wie das sonst immer an meinem Geburtstag war. Ich berichte den Eltern und Geschwistern von den Ereignissen dieses Tages. Und freue mich, dass es Sonja besser geht.

Nun kehrt etwas Alltag ein. Ich vermisse die Nähe meiner Frau und meines Kindes, bin die ganze Woche allein. Wohl bin ich mal da und dort eingeladen, Möglichkeit zu reden genug. Aber meine Frau fehlt mir. Weil nur wir beide unsere innersten Gefühle verstehen. Freude und Leid teilt sich so am besten. Und sie braucht mich auch und hat jetzt keinen Ansprechpartner. Sie ist ganz alleine, hat nur Sonja und das Elend der anderen. Wir können uns nur tagsüber verständigen, über das Telefon beim Portier. Dann sitze ich am Schreibtisch. Abends, wenn ich daheim bin, ist es bereits dunkel. Meine Frau traut sich abends nicht, nochmals das Haus zu verlassen. Es ist so einsam in der Ortschaft. In der Pension ist keine Möglichkeit, sich ungestört auszusprechen. Das einzige Telefon für die Hausgäste steht auf dem Flur, im Treppenhaus. Die Mitbewohner können aus dem Aufenthaltsraum jedes Wort mithören. So beschränken wir uns bei diesen Telefonaten auf das Wesentliche: „Wie geht es unserem Kind?" Im Jahr 1996 sind Handys noch sehr teuer, wir können sie uns nicht leisten.

Meine Frau grübelt in den einsamen Abendstunden: „Habe ich wirklich alles recht gemacht? Hätte ich den Unfall irgendwie verhindern können?" Die Unsicherheit über die zivilrechtliche und strafrechtliche Bewertung des Unfalls belastet uns sehr. Wir halten uns zwar an der Aussage des Polizisten fest, dass die Frage nach der

Schuld eindeutig zu beantworten sei. Doch dies juristisch klären und unsere zweifelnde Selbstanklage ausräumen kann nur ein rechtskräftiges Urteil.

Sonja hat jetzt in der Reha Schulunterricht. Die Lehrerinnen ihrer zukünftigen Klasse geben mir wöchentlich die Arbeitsunterlagen für unser Kind. Ich nehme sie freitags mit in die Klinikschule. Dort kann Sonja, wenn auch zeitversetzt und bedingt durch ihre eingeschränkte Motorik verlangsamt, den Unterrichtsstoff nachholen.

Logopädie, Ergotherapie und Krankengymnastik machen den Tag zu einem vollen Programm. Am Wochenanfang wird der Therapieplan bekannt gegeben, Sonja ist täglich viele Stunden im Einsatz. Obwohl sie sich jetzt besser integriert, hat sie doch erhebliche Schwierigkeiten, wenn die Nacht kommt. Sie wäre eben so gerne bei ihrer Mama. Unser Kind muss so viel in seinem direkten Klinikumfeld und mit sich selbst verarbeiten, dass die Nächte viel zu lang sind. Morgens ist Sonja immer sehr früh wach. Die Zeit bis zum Beginn ihrer Therapiestunden ist für sie quälend lang.

Als ich meine Tochter am Wochenende wiedersehe, kann sie bereits selbst mit dem Rollstuhl fahren. Die neue Mobilität verschafft ihr Freude und Selbstvertrauen. Sie hat jetzt Gehstützen bekommen, mit denen sie selbstständig gehen lernen soll. Bedingt durch die Beinlängendifferenz, die durch die Operation eintrat, braucht sie Einlagen in den Schuhen. Nach und nach lernt sie, mit den Stützen zu gehen. Ihre Krankengymnastin bemüht sich sehr, Sonja zu trainieren und ihr beizubringen, wie sie sich bewegen muss.

Wenn ich mein Mädchen nach einigen Tagen wiedersehe, stelle ich fest, wieviel sie schon gelernt hat: Sie kann immer besser trinken, die Gesichtslähmung hat sich weiter reduziert. Am Anfang musste sie den Kopf schräg halten, damit das Getränk nicht aus dem Mund gelaufen ist.

Eine neue Patientin kommt in Sonjas Zimmer. Endlich jemand, mit dem sie sich richtig unterhalten kann! Das Mädchen ist etwas älter und wird jetzt nach einer Schädeloperation hier therapiert. Auch sie hatte einen Unfall. Ihre Familie wollte umziehen. Sie kletterte auf einen Schrank, der unbefestigt mitten im Zimmer stand. Der Schrank stürzte um und begrub das Mädchen unter sich. Sie erlitt schwere Kopfverletzungen. Ein Teil des Schädelknochens musste entfernt werden. Nur spärlich wachsen die abrasierten Haare nach. Das Kind hat noch Schwierigkeiten, sich etwas ins Gedächtnis einzuprägen und muss sich manche mentalen und motorischen Fertigkeiten in der Reha wieder aneignen. Diese Patientin gibt Sonja enormen Auftrieb. Sie hören abends zusammen Musik und reden viel miteinander, machen Spiele und sind lustig. Jetzt ist es nicht mehr so schlimm, wenn die Mama am Ende der Besuchszeit geht. Meine Frau und die anderen Mütter basteln abends Fensterbilder als Geschenke für die Klinikbeschäftigten. Aus bunten, festen Papierbogen schneiden sie mit spitzen, scharfen Messern schöne Motive. Die farbigen Kunstwerke schmücken bald die Klinikfenster.

Der Freitagabend ist der Höhepunkt der Woche: Fernsehabend. Die Pflegekräfte bringen immer einen Videofilm mit, den wir uns im Spielzimmer gemeinsam ansehen. Die transportfähigen Kinder können dabei sein. Viele Kinder können ihre Zimmer nicht verlassen. An ihnen geht „unser" Leben vorbei. Sonja sieht sich gerne die Filme an. Doch es strengt sie an, die ständig wechselnden Bilder und Szenen zu verfolgen. Wir reden nach der Vorführung über den Inhalt des Films. Dabei stellen wir erstaunt fest, dass Sonja sich schon viele Handlungen und Namen merken kann. Sie hat ein sehr gutes Gedächtnis. Das zeigt sich auch im Unterricht und in den Therapien. In der Klinikschule macht Sonja gute Fortschritte. Sie erkennt die Inhalte der Arbeitsbogen und Übungen, lernt die

Grundlagen von Lesen, Rechnen und Schreiben. Das größte Hindernis ist ihre motorische Schwäche der rechten Seite: Sie kann nur sehr eingeschränkt malen und schreiben. Unser Kind konnte vor dem Unfall vorgedruckte Bilder geschickt ausmalen. Nun kann sie nur unter größten Anstrengungen innerhalb der vorgegebenen Linien mit dem Farbstift arbeiten. Ihre Schrift ist groß und ungelenk, weil die Hand bei der geringsten Anstrengung zu zittern beginnt. Sie hat auch große Probleme beim Essen und Trinken. Infolge der Gesichtslähmung fällt ihr das Sprechen schwer. Wir sind sehr froh, dass ihre Intelligenz unter den Unfallfolgen nicht gelitten hat. So kann sich die Therapie darauf konzentrieren, verloren gegangene motorische Fertigkeiten wieder einzuüben und zu trainieren.

Wir freuen uns auf die Wochenenden, die wir jetzt immer gemeinsam zu Hause verbringen dürfen. Das gibt uns allen Auftrieb. Regelmäßig darf Sonja nun in ihr gewohntes Umfeld. Dies bestärkt ihren Eifer, die erlernten Übungen mit viel Fleiß und Energie im Alltag anzuwenden. Und zu Hause sein bedeutet auch Abstand gewinnen zu dem ständig präsenten Leid der verunglückten Kinder. Diese Wechsel der Umgebung, diese Wechsel von Lernen und Anwenden steigern ihre Motivation und verbessern ihr Befinden erheblich. Aber Heiko fehlt. Und das wird sich nicht mehr ändern.

Ich habe viel Zeit zum Nachdenken, weil ich an den Abenden alleine bin. Der Herbst ist da. Mit seinen fallenden Blättern sinkt auch die Stimmung. Energien werden reduziert, die Natur geht zur Ruhephase über. Die Nächte werden jetzt kälter und die abendlichen Fahrten zum Abholen oder Fortbringen meiner Lieben gefährlicher. Der Nebel wabert in den Tälern. Schemenhaft tauchen die Lichter der Häuser auf. Wie helle Schirme breiten sich die Lichtkegel der Straßenbeleuchtung über die Ortseingänge, wenn ich vom Land kommend in die Städtchen fahre. Im Dunkel spiegeln sich die Scheinwerfer der entgegenkommenden Fahrzeuge auf den nassen Straßen. Viele kleine, geschmückte Holzkreuze stehen an den Straßenrändern und erinnern an Verkehrsopfer, die dort ihr Leben verloren haben. Dutzende Mahnungen.

Die Kameradin von Sonja wird nach einigen Wochen bereits wieder entlassen. Der Abschied stimmt Sonja traurig, weil sie noch bleiben muss. Hoffentlich geht auch für sie die Reha-Zeit bald zu Ende. Wir wollen nicht drängen, aber es wäre so schön, wieder ganz zu Hause zu sein! Wir haben in der Akutklinik noch einen Termin, am 19. November. Wenn wir den Befund haben, dass Sonjas Bein wieder ganz belastbar ist, können wir fest mit der Entlassung rechnen. Darauf konzentrieren wir unsere Hoffnungen. Ein neues Ziel.

Ich nehme mir für diese Woche Urlaub, um Fahrer, Träger und Begleiter zu sein. Meiner Frau tut es sicher gut, wenn ich in der Uni-Klinik dabei bin. Also fahre ich am 18. November abends wieder los. Bald findet mein Fahrzeug den Weg alleine. Als ich die kurvenreiche, kilometerweit ansteigende Straße entlangfahre, geht der Regen langsam in Schnee über. An meinem Zielort ist alles verschneit. Wieder eine Nacht in der Pension. Durch das offene Dachfenster strömt kalte Luft in das Zimmer. Wir genießen die Stille. Der Geruch von Holzfeuer hängt in der schneeschwangeren Luft und stimmt uns darauf ein, dass das Jahr bald zu Ende geht. Ich freue mich jetzt schon am Abend auf das opulente Frühstück am anderen Morgen. Am Anfang der Aufenthalte in diesem Haus hat mir die Sorge um Sonja den Appetit genommen. Das ausweglose Schicksal und das Leid in den betroffenen Familien hat mich gelähmt. Obwohl es an nichts gefehlt hat, alles schön angerichtet und liebevoll zubereitet war: Ich konnte dort nichts essen.

Am anderen Morgen wachen wir erwartungsvoll auf: Welchen Befund verkündet heute wohl der Arzt in der Uni-Klinik? Wie alte Bekannte werden wir empfangen. Der Portier nickt uns freundlich zu. Unseren Lieblingskrankenschwestern fallen die positiven Veränderungen bei Sonja noch viel mehr auf als uns, weil sie das Kind seit über einem Monat nicht mehr gesehen haben. Sonja kann an Stützen gehen und viel deutlicher sprechen. Nach eingehender Röntgen-Untersuchung warten wir ungeduldig im Besprechungszimmer. Wieder eine gute Nachricht: Es hat sich genügend neue Knochenmasse gebildet. Alles ist gut. Das Bein kann wieder belastet werden. Sonja darf nun wieder ohne Stützen gehen. Sie muss noch üben, das Gleichgewicht ohne Stützen zu halten. Jetzt steht ihrer Entlassung nichts mehr im Weg!

Überglücklich fahren wir zurück. Noch eine Nacht, und dann darf Sonja für immer nach Hause! Wir packen schon am Abend einiges zusammen, damit wir am nächsten Morgen bald das Zimmer in der Pension räumen und unser Kind in der Reha-Klinik abholen können. Pünktlich um neun Uhr und keine Minute später möchten wir Sonja abholen.

An diesem Morgen schmeckt das Frühstück vorzüglich, neue Perspektiven tun sich auf. Die Sonne lacht nicht nur über den verschneiten Wäldern, sondern auch in uns allen ist Festtagsstimmung. Unsere Zimmerwirtin freut sich mit uns. Sie hat noch genügend Gäste, wenn wir nicht mehr da sind. Manche Eltern kommen seit Jahren regelmäßig hierher. Sie weiß aus Erfahrung: Nur wenige Familien haben das Glück, nach so kurzer Zeit mit ihrem weitgehend geheilten Kind die Reha-Klinik für immer hinter sich lassen zu können. Wir begleichen die Rechnung für die vielen Wochen, in denen meine Frau hier wohnte, und verabschieden uns von den anderen Müttern, die an diesem Morgen im Haus sind. Sie sind uns ans Herz gewachsen. Gerne wünschen wir allen eine gute Genesung ihrer Kinder.

Das „kurze“ Entlassungsgespräch mit der Stationsärztin zieht sich gewaltig in die Länge. Die Therapeutinnen wollen sich noch von ihrer kleinen Patientin verabschieden. Die Krankengymnastin macht noch abschließende Übungen mit Sonja. Sie soll im Schnelldurchgang lernen, das Gleichgewicht zu halten und zu gehen.

Erst seit gestern Abend darf unser Kind ohne Stützen gehen und ist deshalb sehr unsicher und sturzgefährdet.

Eigentlich wollten wir um neun losfahren. Es ist nach elf Uhr, als sich die lichtschrankengesteuerte Kliniktür mit dem wohlvertrauten, schleifenden Geräusch hinter uns schließt. Zum letzten Mal legen wir den uns so vertrauten Weg zurück – nach Hause. Ein neuer Zeitabschnitt beginnt. Doch die Zeit, in der das Leben unseres Kindes am seidenen Faden hing, die Eindrücke in den Krankenhäusern und das Wunder der Genesung sind eingraviert in unser Leben.

Ein herzliches Danke an alle, die ihr Wissen und Können, ihre Geduld und Erfahrung zum Wohl unseres Kindes eingesetzt haben.

Wieder eine Familie

Es ist einmalig schön, das Gepäck ausladen zu dürfen und dabei nicht schon wieder an die Abreise denken zu müssen!

Wie wertvoll wird es sein, morgens gemeinsam zu frühstücken und den Tag beginnen zu können, einfach nur genießen, dass die anderen da sind?

Für das Glück, ein Kind zum zweiten Mal geschenkt bekommen zu haben, fehlen die Worte. Aber auch für den bohrenden Schmerz: Wir sind wieder zusammen und doch nicht komplett. Wenn wir wie gewohnt den Tisch decken und vier Teller, vier Bestecke und vier Gläser auflegen. Obwohl wir nur noch drei brauchen. Wir müssen uns an ein neues Bild gewöhnen: Sonja sitzt nun an Heikos Platz am runden Tisch zwischen ihren Eltern. Wir freuen uns auf die ungestörte Freiheit, auch einmal miteinander weinen zu können. Ohne dass der Terminplan drängt und schon das Nächste zu erledigen ist.

sich
fallen
lassen
dürfen

Sonja wird verschiedene Fachärzte aufsuchen müssen. Sie führen die ambulanten Therapien über einen noch nicht absehbaren Zeitraum fort. Unser Kind hat immer noch erhebliche Probleme. Wenn wir unterwegs sind, wird ihr sehr schnell schlecht. Deshalb sind wir immer froh, wenn wir wieder daheim sind und halten unseren Aktionsradius sehr klein. Sonja leidet oft unter Kopfschmerzen und ist wetterfühlig.

Meine Frau hat in der Vergangenheit ihre eigenen Bedürfnisse selbstlos hinter das Wohl des Kindes gestellt. Darum braucht sie nun selbst einmal Ruhe für das geprellte Bein und den gestauchten Hals. Auch die wunde Seele bedarf der Ruhe und Pflege.

Nach der Entlassung aus der Rehabilitationsklinik finden wir das Geburtstagsgeschenk von Heiko für Sonja. Er hat es nur zwei Tage vor dem Unfall von seinem Taschengeld gekauft. Dazu war er mit dem Fahrrad ins Ladenzentrum des nächsten Stadtteils gefahren. Erst als er damit nach Hause kam, hat er uns stolz von dem Geschenk erzählt: Ein Bild, das mit den beigelegten Farben anhand fest zugeordneter Zahlen ausgemalt werden kann. Er ließ es gleich im Geschäft als Geschenk verpacken. Heiko hat immer für seine Schwester gesorgt. Auch nach seinem Tod kommt Freude aus seinen guten Gedanken für seine kleine Schwester. Sie setzt sich an den Schreibtisch und malt. Kann sich nicht bedanken bei dem, der ihr damit eine Freude machen wollte. Dieses Geschenk vergessen wir nicht. Was würde er wohl sagen, wenn er jetzt da wäre?

Am Montag, 25. November 1996 wird Sonja eingeschult. Sie ist an diesem Tag das einzige Kind, das seinen ersten Schultag hat. Wir machen im Garten Bilder von ihr. Sonja hat ihre Schultüte im Arm. Und sie hält eine kleine Tafel. Mit Kreide hat meine Frau darauf das Datum geschrieben. Dieses Bild senden wir per Post an Verwandte, Freunde und Bekannte. Alle freuen sich mit Sonja, dass sie nun zur Schule gehen kann.

In der Schule sind alle lieb zu Sonja. Die Lehrerinnen haben die Schulkameraden vorbereitet. Sie passen auf ihre neue Mitschülerin gut auf. Manche Kinder kennen sich noch aus der gemeinsamen Kindergartenzeit. Für meine Frau beginnt jetzt ein neuer, arbeitsreicher Abschnitt:

Sonja kann nicht alleine zur Schule gehen. Ihr Gleichgewichtssinn ist noch gestört. Jeden Tag begleitet die Mutter ihr Kind und trägt seinen Schulranzen. In den Pausen darf Sonja nicht auf den Schulhof. Ein Sturz könnte fatale Folgen haben: Neben dem erneuten Bruch des Oberschenkels droht durch eine Gehirnerschütterung Gefahr für ihr Leben. Die Lehrerin hat deshalb erlaubt, dass immer ein Kind bei Sonja während der großen Pause im Klassenzimmer bleiben darf. Nach Schulschluss wird unser Kind wieder von meiner Frau abgeholt. Mittags sind Hausaufgaben zu machen, zweimal wöchentlich ist Krankengymnastik, einmal Logopädie und einmal Ergotherapie. Der Terminkalender ist voll.

Wir sind in der Sprechstunde bei einer Hals-Nasen-Ohren-Ärztin, die über die Therapie bei der Logopädin entscheidet. Als wir ihr die Berichte zeigen und sie von den Verletzungen erfährt, die unser Kind hatte, spricht sie von einem Wunder, dass Sonjas Gehör noch erhalten ist. Bei den meisten Felsenbeinbrüchen ist anschließende Taubheit die traurige Folge. Wir begreifen erst jetzt die Wucht des Aufpralls beim Unfall.

Nicht weit von der Arztpraxis entfernt ist ein Zoogeschäft. Nach unserem Nordseeurlaub wollte ich mit Heiko zusammen ein Aquarium kaufen. Er hatte schon lange Zeit fleißig darauf gespart. Wir wollen nun so handeln, als ob er noch da wäre. Deshalb erfüllen wir jetzt seinen Wunsch. Ich hebe seine Ersparnisse vom Sparbuch ab und verwende sie in seinem Sinn für ein schönes Becken, das uns der Zoohändler mit allem Zubehör am nächsten Tag ins Haus liefert. Jetzt kann ich wieder etwas gestalten, tun. Am anderen Tag kann ich es kaum erwarten, ans Werk zu gehen. Sonja sitzt auf der Couch und sieht mir zu, wie ich alles einrichte, die Pflanzen einsetze und vorsichtig das Wasser Eimer für Eimer einfülle. Ihre Freundin ist auch dabei und leistet uns Gesellschaft. Jetzt haben wir ein Stück Natur bei uns im Wohnzimmer. Heiko hatte an der Unterwasserwelt großes Interesse. Aus Aquarienbüchern hat er die Namen der Pflanzen und Fische abgeschrieben, die ihm besonders gefielen. Wir haben noch alle diese Blätter, die er in den letzten Monaten vor dem Unfall beschrieben und bemalt hat.

Das anfängliche Interesse der Schulkameraden an Sonjas Unfall und allem, was damit verbunden war, geht im Lauf der Zeit auf ein normales Maß zurück. Doch immer wieder kommt Sonja weinend aus der Schule.

„Sonja, warum weinst du?"

„Die sagen zu mir, ich bin jetzt auch ein Einzelkind. Ein Kind hat zu mir gesagt: Dein Bruder ist tot."

„Und was hast du dann gesagt?"

„Ich habe gesagt: Stimmt nicht, er ist im Himmel."

Es ist schwer für Sonja, alleine zu sein.

Sie muss lernen, alleine zu spielen und sich zu beschäftigen. Alles hat sie bisher mit ihrem Bruder gemeinsam getan. Jetzt sagt sie oft: „Mir ist langweilig." Da ist Mama gefragt und sie widmet sich dem Kind. Leider habe ich wenig Zeit, muss tagsüber arbeiten.

Am schlimmsten ist es für Sonja abends, wenn sie ins Bett geht. Sie liegt im Bett, zählt jeden Abend auf: „Ich will wieder ein Geschwisterchen! Nach mir schauen, bevor ihr ins Bett geht! Bekomme ich einen Hund? Nichts vergessen." Dieser Satz ist tägliches Ritual.

Zur Therapie und als Tier zum Schmusen dachten wir auch schon an einen Hund für Sonja. Als Heiko noch lebte, wollten die Kinder immer ein Häschen. Aber wegen Heikos Allergie war das nicht möglich. Ich tendiere auch zu einem Hund, mit dem man mehr anfangen kann als mit einem Hasen. Meine Frau ist nicht so begeistert von einem Vierbeiner. Sie kann sich ein Leben mit Hund nicht vorstellen. Ich verspreche ihr hoch und heilig, dass ich mit ihm spazieren gehe und morgens aufstehe, wenn er hinaus muss. Der große Garten am Haus ist ein weiterer Grund, der die Entscheidung für das Tier leichter fallen lässt.

Sonjas sehnlicher Wunsch beschäftigt uns, bis wir von Verwandten hören, dass sie uns einen kleinen lieben Hund vermitteln könnten. Er ist vier Jahre alt. Mit seinem Frauchen vereinbaren wir einen Besuchstermin. Sonja ahnt nichts davon, dass wir den Hund vielleicht für sie kaufen werden. Sie ist, wie nicht anders zu erwarten war, restlos begeistert von dem kleinen Malteser. Sein Frauchen will ihn uns an Weihnachten abgeben. Als wir uns verabschieden, springt er an uns hoch und wedelt mit dem Schwanz. Er bellt ganz heiser.

Wir lassen das Ganze auf sich beruhen, hören uns den allabendlich vorgetragenen Wunsch unseres Kindes geduldig an und entscheiden uns für den kleinen Hund. Ich werde ihn am Heiligen Abend morgens abholen. Sonja weiß nichts von ihrem Glück, als ich das Haus verlasse.

„Papa, wo gehst du hin?"

„Ich muss noch etwas holen, Sonja. In einer Stunde bin ich wieder da." Unsere Nichte darf mitfahren. Sie wird während der Fahrt auf Flori aufpassen.

Der Hund begrüßt uns mit lautem Bellen. Er ist frisch gebadet. Letzte Pflegeanweisungen und eine Tasche mit seinem Spielzeug, dem vertrauten Wassernapf und seiner Decke begleiten uns. Freudig springt er neben uns her auf dem schneebedeckten Weg zum Auto. Sein Frauchen ist jetzt doch traurig beim Abschied. Sie sieht uns nach, als wir zum Auto gehen. Der lebhafte kleine Bursche ist ihr sehr ans Herz gewachsen.

Der Hund ist ganz aufgeregt während der Fahrt. Er fiept und bleibt nicht liegen. Daheim angekommen, parke ich ein Stück vom Haus entfernt, damit Sonja uns nicht kommen hört. Meine Nichte geht mit dem Hund zur Tür, läutet. Sonja macht auf. Ist sprachlos. Dann ruft sie: „Mein Flori, Mama, mein Flori!"

Es ist gut, dass wir gerade heute dieses Tier bekommen. Wir erleben das erste Weihnachten ohne Heiko. Stapelweise finden wir Post im Briefkasten. Von Verwandten, den Krankenschwestern aus beiden Kliniken und den Leidensgenossinnen meiner Frau, die sie in der Reha kennen gelernt hat. Es tröstet, in ihren Gedanken aufgehoben zu sein.

Die Mutter, deren Tochter im Auto ertrunken ist, schreibt uns: „Ich stelle mir vor, wie unser Kind zusammen mit Eurem Heiko den Himmel schmückt für das Weihnachtsfest. Es kann bei den Kindern im Himmel nur schön sein. Bestimmt kennen sich die beiden Kinder schon." Wir sind ergriffen.

Weihnachten ist die Zeit der besonderen Gefühle. Wir erleben das verstärkt seit Heikos Tod. Jedes Jahr wieder. Immer anders und doch gleich, der Verlust. Es ist nicht zu beschreiben, wie uns der Bub an diesen besonderen Tagen fehlt. Früher war Weihnachten anders, einfach schön.

Für das letzte Weihnachten mit Heiko hatte ich in die Modelleisenbahn aus meinen Kindheitstagen viel Geld investiert. Ich ergänzte sie und baute für Heiko eine schöne Anlage. Sie steht jetzt hinter dem Schreibtisch aufrecht an der Wand. Ich habe sie bisher nicht mehr aufgestellt. Auch dieses Jahr nicht, zum Leidwesen von Sonja. Ich konnte es nicht. Es wäre unerträglich gewesen. Wenn ich daran denke, wie der Bub gespielt hat, stundenlang, als ob er es gewusst hätte, dass dieses das letzte Weihnachten für ihn ist. Ausgerechnet er, der ansonsten für Technik nichts übrig hatte!

Ich sehe immer wieder seine Freunde. Sie gehen morgens zur Schule, wenn ich zur Arbeit fahre. Dann stelle ich mir vor, wie groß er jetzt wäre, bestimmt ginge er mit ihnen auf eine höhere Schule. Entsprechend seinen Zielen und Neigungen würde er seinen Weg gehen. Bestimmt musikalisch geprägt und naturverbunden. Er, Heiko, unser Kind.

Trauer

Sonja soll es zu Hause schön haben und wir haben alle ein Recht darauf, glücklich und fröhlich zu sein. Entsetzlich die Träume, in denen sich wiederholt die Schocksituationen meines Lebens abspielen, der Sarg, der an den dicken Seilen in das Grab gesenkt wird, die Blumen und das Spruchband, das wie in Zeitlupe in die dunkle Erde entschwindet, die aufgetürmte Erde, von Tannenreisig verdeckt, das nach Wald riecht, die schwarz gekleidete Menschenmasse, die Anteil nimmt und doch so weit weg ist. Wir dürfen nicht voraussetzen, dass sich die Menschen in letzter Konsequenz in unser Schicksal hineindenken können.

Ich sehe mein Kind vor mir, gerade gestorben: im neuen, gelbkarierten Hemd, mit den neuen Turnschuhen, die er das erste Mal getragen hat am Tag, als der Unfall geschah. Die karierten Decken, die im Notsarg den Leichnam unseres Kindes umhüllten. Dazu die bohrende Frage, auf die niemand antworten kann und die in diesem Leben auch niemand beantworten wird:

„Warum?"

Die Wut, dass der Unfallverursacher nicht aufgepasst hat. Ich versuche, mich in meiner Wut zurückzunehmen. Für mich Ruhe zu finden in dem Gedanken: Gott steht über allem. Heiko war ein Geschenk. Der, der das Geschenk gegeben hat, holte es sich zurück. Und hat nicht vorher gefragt, ob es uns Recht sei. Und wenn er gefragt hätte – wo sind die Eltern, die sagen würden: „Bitteschön, dann nimm es dir." Und dann der Gedanke: Das kann dir als Autofahrer jeden Tag passieren, dass du aus Versehen – einen Moment nur unaufmerksam, abgelenkt, in Gedanken versunken – einen Unfall verursachst, ein Kind tötest.

In diesem gedanklichen Labyrinth zwischen Wut, Trostversuch und Erklärungsnot stark sein zu müssen. Am Arbeitsplatz die in mich gesetzten Erwartungen erfüllen. Lernen, Gedanken auszuschalten und in die Schublade zu stecken. Sie herausholen, wenn der Terminkalender mir die Zeit dazu einräumt. Lachen können, obwohl ich spüre, es ist alles nur Fassade und manchmal aufgesetzt. Vielleicht auch, weil man ein wenig ein schlechtes Gewissen hat – jetzt, in diesem Moment zu lachen. Ich lache oft, um nicht zu weinen. Versuche, im bedrückten Zustand anderen Menschen Kraft zu vermitteln, obwohl ich selbst gestärkt werden will. Und jetzt ist Weihnachten: Dankbar sein über die Geburt des Heilands und Erlösers; der für uns gestorben ist. Tod nicht als Sühne für verkehrtes Handeln, sondern weil Gott es so zugelassen hat. Ausfluss höherer Macht. Weihnachten, Botschaft von Freude. Dagegen die angestaute Wut: „Warum fragt der Schuldige nicht nach meinem Kind, wo er doch das ganze Leid verursacht und meine Familie zerstört hat?" Das frustrierende Wissen: Das Geschehen ist unumkehrbar. Und wenn der Unfallverursacher dir Millionen geben würde, es würde dir dein Kind nicht für eine Sekunde wiederbringen.

Wir haben unser Kind über alles geliebt und es wird immer so bleiben. Wir haben uns alle sehr lieb. Sind beieinander unter einem Dach. Und dennoch ist jedes Mitglied der kleinen Familie mit seinen Gedanken und Erinnerungen an früher allein. Besonders jetzt an Weihnachten. Obwohl wir miteinander trauern und gemeinsam unter Heikos Verlust leiden, muss jeder für sich diese Empfindungen ertragen. Und ich bin froh, wenn die Weihnachtsfeiertage vorbei sind. Das Fehlen des Kindes macht so unzufrieden. Dann noch die Umwelt, die so tut, als wäre alles im Lot. Die Hilflosigkeit mancher Menschen macht sie glauben, es wäre das Beste, alles in

Schweigen zu hüllen. Und doch steht etwas unausgesprochen im Raum, das alle beschäftigt. Warum redet niemand darüber?

Ist nach einigen Jahren schon „Gras darüber gewachsen"? Ist für uns die Zeit stehen geblieben? Oder sehen wir nicht mehr über den Tellerrand hinaus? Oder erwarten wir zuviel? Vielleicht sind alle froh, dass Sonja wieder gesund geworden ist, und klammern sich am Lebenden fest? Verdrängen sie mit dem Guten das Schlimme?

Der erste Weihnachtsgottesdienst nach Heikos Tod: Als er zu Ende ist, halte ich mich in einem Nebenraum der Kirche auf. Ich warte, bis sich die fröhlichen Menschen alle schöne Feiertage gewünscht haben. Bin froh, jetzt niemand sehen zu müssen. Vielleicht haben manche nach mir gesucht. Verstecke mich. Vor mir selber, um nicht in den zwiespältigen Gefühlen zerrieben zu werden. Bevor mich der Schmerz überwältigt. Bloß jetzt die Augen trocken halten. Das ist heute nicht mein Tag, obwohl nach außen alles besser denn je ist und Wunder an Sonja geschehen sind. Niemand sieht in den anderen Menschen hinein.

Das Schicksal hat eine ganz tiefe Wunde geschlagen. Sie ist vernarbt.

An Tagen wie Weihnachten, Ostern, Heikos Geburtstag, brechen diese Narben immer wieder auf.

Wie ich meiner Frau versprochen hatte, stehe ich morgens früh auf und gehe mit Sonjas Hund außer Haus. Bei jedem Wetter. Kein Mensch auf der Straße, alles ist ruhig und still. Da kann ich meinen Gedanken nachhängen, bin ungestört. Gehe am Kindergarten von Heiko vorbei, an der Schule, am Schwimmbad, am Briefkasten, in den er für uns manche Post eingeworfen hat. Am Haus von Oma und Opa vorbei, durch die Straßen, in denen er gelernt hat, Fahrrad zu fahren. Dort hat er gespielt und mir oft abends schon von weitem gewunken, wenn ich von der Arbeit heimkam. Manchen Sommerabend war er auf der Straße und ist auf dem Fahrrad neben mir hergefahren, bis nach Hause.

Durch den Vorgarten, in den wir miteinander verschiedene Gräser gepflanzt haben. An der uralten Stahlschubkarre vorbei, die er bei der Sperrmüllsammlung gefunden hat. Mit Heiko zusammen habe ich sie bunt gestrichen und schön bepflanzt. Sie steht da, als ob sie nur auf ihn warten würde.

Sonja ist weiter auf dem Weg der Besserung. Die motorischen Einschränkungen sind zwar noch da, aber deutlich geringer. Turnusmäßig gehen wir zweimal im Jahr in die Universitätsklinik. Sonjas Bein wird vermessen und geröntgt, in neurologischen Untersuchungen werden die Reflexe geprüft. In ausgiebigen Gesprächen berichten wir den Ärzten von Sonjas Fortschritten. Der Neurologe macht sich immer noch Sorgen wegen Sonjas Gesichtslähmung. Sie ist so weit zurückgegangen, dass bei normalem Gesichtsausdruck nur noch andeutungsweise eine Einschränkung sichtbar ist. Vielleicht kann hier noch die Wachstumsphase helfen. Mit fortschreitendem Anspruch an die Schreibgeschwindigkeit in der Schule wird Sonja eventuell Probleme bekommen, weil sie das Schreibgerät noch verkrampft in den Fingern hält. Ihr Bein, das nach der Operation deutlich kürzer war als das andere, ist gewachsen und mittlerweile so lang wie das gesunde Bein. Sonja benötigt nun auch keine Einlagen in den Schuhen mehr.

Wir verbringen unseren Urlaub in den Bergen. Am 25. Mai ist Heikos zehnter Geburtstag. Der erste, seit er von uns gehen musste. Ich sehe an diesem Tag einen Jungen in Heikos Alter. Er hat ebenfalls kurze, blonde Haare wie unser Kind. Beim Anblick des Jungen musste ich mich zurückhalten: So gern hätte ich einmal mit meiner Hand über seine Haare gestrichen. Immer wieder tun die kleinen Abschiede weh. Täglich in irgendeiner Form.

Wir bemühen uns, aus diesem Tag das Beste zu machen. Vor allem, Sonja nicht allzu sehr in unsere Trauer einzubinden. Sie reagiert merkwürdig auf Heikos Tod. Mit uns redet sie darüber, von anderen Menschen will sie mit diesem Thema in Ruhe gelassen werden. Wir hatten kurz nach Heikos Tod einmal Besuch und sprachen dabei viel über ihn. Dann ging Sonja auf die Toilette und kam nicht mehr zurück. Sie saß auf dem WC und weinte. „Sonja, warum kommst du nicht mehr zu uns?" „Alle reden nur von Heiko."

Dann stirbt bei uns daheim ein Wellensittich, den wir in Pflege hatten. Sonja sieht zum ersten Mal bewusst einen toten Vogel.

„Papa, der hat ja die Augen offen."

„Ja, das ist meistens so, wenn jemand stirbt."

„War das bei Heiko auch so?"

Im selben Urlaub: Einige Tage nach Heikos Geburtstag gehe ich zum Friseur. Eine Frau schneidet mir die Haare.

„Sind Sie hier im Urlaub ?"

„Ja, wir sind oft hier in dieser Gegend."

„Sind Sie alleine hier ?"

„Nein, mit der Familie. Hier ist es so schön mit den Kindern."

(Ich habe unbewusst Kinder gesagt)

„Wie viele Kinder haben Sie?" (Warum jetzt diese Frage?)

„Zwei." (Mir wird warm)

„Sind beide Kinder dabei?" (Warum bohrt die Frau so tief? Mensch, jetzt muss ich der das auch noch erzählen!)

„Nein, der Bub ist gestorben, letztes Jahr. Bei einem Autounfall."

Ein ganz banales Gespräch mit nicht kalkulierbarem Ausgang. Ich wollte der fremden Frau nichts erzählen. Ihre Frage nötigte mich, es doch zu tun.

Der Grabstein ist mittlerweile fertig. Unser Freund, Steinmetz in Thüringen, hat ihn für uns angefertigt. Auf dem herzförmigen Stein steht Heikos Name in seiner eigenen Schrift. Den von mir in der Unfallnacht entworfenen Spruch der Trauerkarte hat er mit den Geburts- und Sterbedaten von Heiko sehr gelungen angebracht. Zu Heikos erstem Todestag bringt unser Freund den Gedenkstein. Gemeinsam transportieren wir ihn zu Heikos Grab.

Jetzt können wir die Erde auf dem Grab zum ersten Mal richtig bepflanzen. Wir möchten das Grab so individuell gestalten, wie unser Kind war. Sonja hat uns dabei begleitet und geholfen.

Vom Arbeitgeber und Fuhrunternehmen des Unfallverursachers ist bis heute kein Wort der Anteilnahme, geschweige denn ein Blumenstrauß gekommen. Der Fahrer hat sich mit einer Kondolenzkarte anlässlich Heikos Beerdigung gemeldet und sich zu seinem Fehler bekannt. Er schreibt, dass ihm in 40-jähriger Fahrtätigkeit nichts Vergleichbares passiert sei. Im September 1996 hat er sich einmal telefonisch nach Sonja erkundigt. Was sollte ich zu dem Zeitpunkt mit dem Mann reden? Ihn bedauern oder ihm danken für seine Fahrlässigkeit? Ich war am Unfall nicht beteiligt und konnte deswegen nichts zur Sache sagen. Es war gut, dass meine Frau zu dieser Zeit in der Reha und deshalb für ihn nicht zu sprechen war. Erst Ende Oktober 1996 erhalten wir das Gutachten, welches den Unfallhergang nachvollzieht.

Der LKW hatte 1,5 Tonnen zuviel geladen. Die Fahrzeugbremsen funktionierten nicht einwandfrei. Nachweislich brannten die Bremsleuchten an unserem Fahrzeug, als es an der roten Ampel stand und der LKW aufgefahren ist. Ein klassischer Auffahrunfall. Wegen der unterschiedlichen Masse von LKW und PKW und der hohen Geschwindigkeit des LKW mit fatalem Ausgang. Nach der Zeichnung und Rekonstruktion des Gutachters hatte der LKW eine Aufprallgeschwindigkeit von ungefähr 55 km/h. Dadurch wurde der PKW mit meiner Familie etwa 33 Meter über die Kreuzung hinweg geschleudert. Besonders glückliche Umstände waren, dass sich vor dem Fahrzeug meiner Frau kein anderes Fahrzeug befand und das Auto nicht auf die Licht- oder Ampelmasten geschleudert wurde. Davon gibt es an dieser Kreuzung genug! In diesen Fällen hätte niemand den Unfall überlebt. Ich glaube, ein solches Ende meiner Familie hätte ich psychisch nicht überlebt.

Wenn das Urteil meiner Frau eine Teilschuld zuwiese, würden auch die Schadenersatzansprüche meiner Frau und von Sonja in der Quote des Mitverschuldens geteilt.

Im April 1997 erhalten wir die Vorladung meiner Frau zum Gericht als Zeugin. Wir können den Anwalt und durch ihn den Richter bewegen, sie vom persönlichen Erscheinen zu befreien, weil sie der Prozessablauf enorm belasten würde. Außerdem geht es im Prozess um die Verurteilung des Täters und nicht um materielle Entschädigung, die in einem separaten Zivilprozess erstritten werden muss. Der Strafprozess findet nach Pfingsten statt. Ich will teilnehmen. Das bin ich meinem Kind schuldig, auch wenn es weh tun wird. Mein Anwalt nimmt mich in seinem Fahrzeug mit.

Vor dem alten Gerichtsgebäude stehen etwa 20 Menschen, als wir auf den Parkplatz fahren. Sofort erkenne ich den Polizeibeamten des Verkehrsunfalldienstes, welcher mich so freundlich und menschlich behandelt hat. Auch er erkennt mich gleich wieder. Wir geben uns die Hand. Ferner ist ein Rettungssanitäter in Dienstkleidung da, der mir vom Polizist als sein Freund und Ersthelfer am Unfallort vorgestellt wird. Das war also der zweite Mann am Unfalltag, dem ich die Rettung meines Kindes zu verdanken habe! Ich hatte ihm ja schon von der Intensiv-Station aus einen Brief geschrieben. Zu Weihnachten schickten wir ihm ein Bild von Sonja. Er freute sich sehr darüber. Auch der Beschuldigte ist da. Ich habe ihn noch nie gesehen. Er ist der Älteste unter den Anwesenden und kommt deshalb für mich sofort als der Unglücksfahrer in Frage. Er wird von zahlreichen jüngeren Menschen und seinem Anwalt begleitet.

Ich spüre, wie uns ihre Blicke verfolgen, als ich mit meinem Anwalt das Gerichtsgebäude betrete. Pünktlich um 14.00 Uhr wird der Saal geöffnet. Wir nehmen Platz: Angeklagter und Anwalt links vom Richter, der Staatsanwalt und der Kläger mit Anwalt rechts vom Richter. Der Polizist und der Sanitäter sind als Zeugen geladen, ebenso der Sachverständige, der das Gutachten erstellt hat.

Der Richter vernimmt die Geladenen zur Person und Sache, trägt die festgestellten Fakten des Gutachtens vor, die mir bereits bekannt sind. Ein seltsames Gefühl, da vorne auf dem Präsentierteller zu sein und der schweigenden Menge als Vater der verunglückten Familie vorgestellt zu werden. Der Richter befragt mich nach dem gegenwärtigen Zustand meines Kindes. Ich gebe Auskunft. Alle hören mir zu.

Der Fahrer soll zum Unfallhergang gehört werden. Dazu muss er vom Richter laut aufgefordert werden. Er hört schlecht. Und trägt eine dicke Brille.

Der Richter fragt ihn: „Warum sind Sie mit solch hoher Geschwindigkeit auf die Ampel zugefahren?“

Der Angeklagte: „Ich dachte, es reicht noch bei Gelb durch, bevor sie auf Rot umschaltet.“

Eine Zeugin wird aufgerufen, die sichtlich erschüttert vom Unfallhergang berichtet. Sie stand mit ihrem Fahrzeug in der Gegenrichtung an der roten Ampel und sah, wie das Fahrzeug meiner Frau langsamer wurde und der LKW immer dichter aufgefahren ist. Sie sagte noch zu ihrem Sohn:

„Bitte setze dich jetzt ganz gerade hin. Gleich passiert etwas. Und schon schleuderte das schwarze Auto an uns vorbei."

Ein weiterer Zeuge wird gerufen, der ebenfalls als einer der Ersten mit ins Geschehen eingegriffen und dem Sanitäter bei der Bergung der Kinder beigestanden hat. Der beherzte Mann ist selbst Familienvater und hat einen kleinen Sohn. Er berichtet mit Tränen in den Augen von dem Erlebnis, das aus seinem Gedächtnis nie mehr verschwinden wird. Wie sie Sonja geborgen und auf die Erde gelegt haben.

In der Gerichtspause vor der Urteilsverkündung gehe ich zu ihm und bedanke mich für seine Hilfe an meinen Angehörigen. Es fällt allen schwer, jetzt so offen darüber zu reden. In dieser Stunde steht der Schrecken und der Unfallschock wieder ganz lebendig vor Augen. Die Erinnerung lässt schlagartig Bilder aufleben. Als ob Steine ins Wasser geworfen werden und dann Wellen verursachen, die sich kreisförmig ausdehnen.

Der Angeklagte kommt mit seiner Frau in der Pause zu mir. Gibt mir zu verstehen, wie Leid ihm das alles tue. Er werde sich wieder bei uns melden. Ich nehme es zur Kenntnis. Eigentlich tut er mir Leid, er hat selbst Enkelkinder im Alter von unseren Kindern. Durch seine falsche Einschätzung hat er eine enorme Schuld auf sich geladen. Er wird sie nie mehr los werden.

Nach der Beratung des Gerichts erfolgt die Urteilsverkündung: Das Gericht verurteilt den Angeklagten wegen fahrlässiger Körperverletzung mit Todesfolge zu einer Freiheitsstrafe, die zur Bewährung auf zwei Jahre ausgesetzt wird. Das Gericht folgte meinem Antrag: Ein Teilbetrag der ihm auferlegten Strafe in Höhe von DM 2.000,– ist an die Reha-Einrichtung, in der Sonja therapiert wurde, zu entrichten. Weitere DM 3.000,– Strafe werden ihm auferlegt, die er an gemeinnützige Einrichtungen zahlen muss. Zusätzlich wird eine weitere Führerscheinsperre von einem halben

Jahr verhängt. Der wichtigste Punkt des Urteils: Das Verschulden liegt zu 100 % beim Unfallverursacher und stellt damit meine Frau von allen Rückforderungsansprüchen der Versicherung frei. Meine Frau ist unschuldig! Kann es kaum erwarten, bis ich vom Ausgang des Verfahrens zu Hause berichten kann.

Das Urteil hat im Grunde genommen keine Wende für uns gebracht. Es sühnt nur die vom Gesetz definierten Straftatbestände. Als Schlüssel für weitere Ansprüche gegenüber der Versicherung ist es unverzichtbar wertvoll. Ich habe nie an der Unschuld meiner Frau gezweifelt. Es wird gut für sie sein, dass nun Klarheit herrscht. Deshalb bin ich sehr froh, dass der Prozess mit dieser Feststellung zu Ende gegangen ist. Zusätzliche Selbstanklagen zum ohnehin schon unerträglichen Verlust von Heiko hätten auf Dauer belastet. Wer weiß, ob nicht auch unsere Ehe darunter gelitten hätte?

1998 kommt unser jüngster Sohn zur Welt. Wir sind glücklich, ein gesundes Kind haben zu dürfen. Sonjas oft geäußerter Wunsch hat sich erfüllt. Und mancher freundliche Mensch trat nach Heikos Tod mit unglaublich plumpen Lösungsansätzen an uns heran: „Ihr seid ja noch so jung und könnt noch Kinder haben." Ein Trost der ganz besonderen Art im Angesicht des Verlusts. Man sollte trauernden Eltern nicht alles sagen, was man denkt.

Der Kleine entwickelt sich prächtig, er ist für die Familie eine große Freude. Ohne ihn wäre unser Leben sehr einsam und still geworden. Niemals soll sein fröhliches Wesen Ersatz für Heiko sein. Obwohl manche Ähnlichkeiten zwischen unserem jüngsten Sohn und Heiko auffällig sind. Er selbst wird sich mit Heiko nicht vergleichen können.

Ein Jahr nach Heiko ist in unserer Stadt ein Junge gestorben. Er war gleich alt wie Heiko. Aufgrund der Traueranzeige in der Zeitung habe ich den Eltern eine Kondolenzkarte geschrieben. Ich teilte ihnen mit, dass wir vor einem Jahr ebenfalls unseren Sohn verloren hätten. Und uns deshalb in ihre Trauer hineinversetzen könnten. Bald darauf schrieben sie uns zurück und bedankten sich für die Anteilnahme. Dem schriftlichen Kontakt folgte ein Gespräch am Telefon. Wir haben einen Besuchstermin festgelegt. Ein Zusammentreffen mit uns völlig fremden Menschen. Es war hilfreich für alle Beteiligten. Als ich die Eltern eingeladen hatte, ist mir erst zu Bewusstsein gekommen, wie mutig das war: die eigene Familie mit einem anderen Schicksalsschlag zu konfrontieren. Als die Eltern zu uns kamen, hatten wir überhaupt keine Berührungsängste. Schon nach kurzer Zeit waren wir uns so vertraut, als ob wir uns schon lange gekannt hätten. Die Eltern erzählten uns von ihrem Schicksal: Der Junge war zu früh geboren und musste wegen seiner dadurch eingetretenen Behinderungen von seinen Eltern rund um die Uhr betreut werden. Zehn Jahre lang pflegten sie ihr Kind Tag und Nacht. Und dann der harte Verlust des Kindes: Sie haben sich mit ihrem Sohn noch viel mehr als mit einem gesunden Kind beschäftigt. Er konnte in seinem kurzen Leben nicht gehen oder reden, war nie selbstständig und zu eigenen Entscheidungen fähig. Seine Eltern und wir sind Freunde geworden.

Eine weitere Freundschaft ist mit Eltern gewachsen, deren elfjährige Tochter im Jahr 1998 gestorben ist. Sie wurde als Fußgängerin von einem Auto erfasst. Dabei erlitt sie schwerste Kopfverletzungen und starb nach wenigen Tagen, ohne das Bewusstsein wiedererlangt zu haben. Das Kind hat eine Schwester, die gleich alt ist wie Sonja. Wieder ein Kontakt über die Traueranzeige. Innerhalb kurzer Zeit haben sich unsere Gespräche auf einer Ebene gefunden. Wir haben unser Leid geteilt. In den Jahren haben wir miteinander gelernt, dass wir wieder lachen können. Die drückende Last des Abschiedsschmerzes haben wir bei unseren gegenseitigen Besuchen miteinander getragen. Wir durchschritten gemeinsame

Tiefen. Und haben dann auch Höhen gewonnen, von deren Existenz wir nichts mehr wussten. Weil sie im Nebel der Trauer versteckt gewesen sind. Wir erleben zeitversetzt die Ängste der Eltern vor dem Prozess gegen den Unfallverursacher. Teilen die Ohnmacht, für den unermesslichen Verlust des eigenen Kindes nicht entschädigt zu werden. Ich leide unter den Gedanken, die sich als Resultat aus der in unserem Land gängigen Rechtsprechung für mich entwickeln: Mein Kind ist für die Gesellschaft nichts wert gewesen. Der Verlust wird nur in Höhe des entstandenen „Schadens" beziffert. Darüber hinaus gibt es keine Entschädigung, und es ist doch unser Fleisch und Blut! Und was soll es auch geben? Der Mensch ist durch nichts zu ersetzen. Und die Freunde erleben im Anschluss an den Prozess dieselbe Enttäuschung: Der Schuldige zeigt kein Interesse an dem Ergehen der Familie, die er für den Rest ihres Lebens schwer geschädigt hat. All das stehen wir gemeinsam durch und begleiten einander in Worten und Gedanken durch die Leiden der Trauer.

Die Mutter jenes Mädchens hat uns anlässlich des Todestages von Heiko folgendes Gedicht von Marie-Luise Wülfing zukommen lassen:

Der Segen der Trauernden

Gesegnet seien alle, die mir jetzt nicht ausweichen.
Dankbar bin ich für jeden, der mir einmal zulächelt
und mir seine Hand reicht, wenn ich mich verlassen fühle.

Gesegnet seien die, die mich immer noch besuchen,
obwohl sie Angst haben, etwas Falsches zu sagen.

Gesegnet seien alle, die mir erlauben, von dem Verstorbenen zu sprechen. Ich möchte meine Erinnerungen nicht totschweigen. Ich suche Menschen, denen ich mitteilen kann, was mich bewegt.

Gesegnet seien alle, die mir zuhören, auch wenn das, was ich zu sagen habe, sehr schwer zu ertragen ist.

Gesegnet seien alle, die mich nicht ändern wollen, sondern geduldig so annehmen, wie ich jetzt bin.

Gesegnet seien alle, die mich trösten und mir zusichern, dass Gott mich nicht verlassen hat.

O Herr, birg du uns alle in Deiner Hand. Nimm Du Dich unsrer an. Bei dir bleiben wir – ganz gleich, ob wir noch leben oder schon gestorben sind.

Diese Zeilen waren Trost für unsere trauernden Seelen. Leider haben wir diesen Text spät bekommen. Da waren die in diesen Worten enthaltenen Empfindungen bereits Gegenstand unserer Trauererfahrungen. Wir haben unser eigenes Trauererleben in diesen lebensnahen Worten wiedergefunden: Die Trauernden eigene Sensibilität für die Gedanken aus der Umwelt. Wie Berührungsangst überwunden werden kann und aktives Handeln weinenden Herzen Trost bringt. Das Schweigen aus der Angst, etwas falsch zu machen, isoliert Betroffene und macht sie unsicher. Sie fühlen sich dann ausgegrenzt und meinen, sie gehörten nicht mehr dazu. Die heilende Kraft, die in der Trauer wohnt, verspüre ich, als ich mich aufmache und Menschen suche, die mich in meiner Trauer verstehen wollen und können. Die mich annehmen, auch wenn ich nicht lachen kann. Das Gespräch mit allen uns bekannten verwaisten Eltern öffnet neue

Wege. Man versteht sich in der Trauer. Der tiefe Schmerz, ein Kind verloren zu haben, ist bei allen Eltern gleich. Die Trauergefühle gehen ganz tief. In den Grund der Seele. Die Gemeinschaft der Familie ist durch den Tod aufgebrochen. Ein Kind fehlt. Alle leiden an einer unbeschreiblichen Leere, die durch nichts aufgefüllt wird.

Meine Trauer verändert sich in mehreren Abschnitten. Zunächst lehne ich den Tod meines Kindes ab, will ihn nicht wahrhaben. Dann bin ich wie gelähmt und denke nur an mein verstorbenes Kind. Später nehme ich mich selbst, meine Gefühle jenseits der Trauer wieder wahr. Ich empfinde: Diese schmerzhafte Lebenserfahrung verfestigt sich zu einem tragfähigen Fundament, auf dem ich mein Leben neu aufbauen muss. Dass ich den Schmerz nicht verleugnen oder wegwerfen muss, sondern ihn mitnehmen kann, gibt mir ein Stückchen Sicherheit für die Zukunft. Sicherheit schenkt mir auch das aus den vielen Begegnungen mit verständnisvollen Menschen gewachsene Bewusstsein: Ich bin nicht allein.

Meine wertvollen Erfahrungen aus den Gesprächen mit trauernden Eltern entstehen aus der Bereitschaft, unvoreingenommen auf diese Menschen zuzugehen.

Nach dir

Vorbei

die Zeit, die mir andere für meine Trauer zugestanden haben
die Gelegenheit, dich, mein Kind, in die Arme zu nehmen
die Zeit der Gefühle, in denen ich dir meine Liebe zeigen konnte
der Griff der kalten Hand, die mein Herz beim Gedanken an dich umspannte
die Tränen, die beim leisesten Gedanken der Erinnerung an dich flossen

Geblieben

der Verlust deiner Gegenwart
das Bedürfnis, dich um mich zu haben
der rasche Ablauf der Jahre mit ihren Höhen und Tiefen
die Sehnsucht, dich wiederzusehen
lebendige Erinnerungen, die durch den Nebel der Trennung nicht verblassen

Gelernt

zu lachen und Bilder der Vergangenheit ansehen zu können
weiterzugehen, auch wenn der Weg uneben ist
meine Trauer in Gefühle zu legen, wenn ich mit mir alleine bin
meine Gedanken um dich kreisen zu lassen
dich zu sehen, obwohl du nicht mehr da bist

Fünf Jahre nach Heikos Tod: Das erste Mal in meinem Leben verbringen wir unseren Urlaub an der Nordsee. Vor langer Zeit aus der Fürsorge um Heikos Gesundheit geplant, dann der große Schnitt in unserem Leben. Der Unfall. Schreck, Schmerz, Trauer. Ein überwältigender Eindruck, viele hundert Kilometer weg von zu Hause: der erste Ausblick auf das Meer. Es ist gerade Ebbe, der Strand ist trocken, so weit das Auge reicht. Und dann ein Blick in die Abendsonne. Irgendetwas glitzert am Horizont, ganz in der Ferne: Wasser. Es kommt! Kleine Rinnsale laufen über die Ebene, die doch kaum merkliche Vertiefungen hat. Der langsam steigende Pegel nivelliert alles. Nach und nach füllt sich der ganze Uferbereich. Schließlich eine geschlossene Fläche, in welcher sich die untergehende Abendsonne spiegelt. Der Wind treibt kleine Wellen vor sich her. Und in einigen Stunden läuft das Wasser wieder ab. Diese, von der Natur vorgegebene Zeremonie, wiederholt sich stetig in einer Präzision, wie sie kein Mensch erfinden könnte. Alles Leben ist auf diese Regeln der Natur abgestimmt. Kommt etwas durcheinander, ist der ganze Kreislauf gestört. Die Lebewesen, von der natürlichen Abfolge abhängig, würden zu Grunde gehen.

Dieses Bild läuft ab wie die Eindrücke nach dem Tod des Kindes: Die Wiederkehr der Erinnerungen, abgelöst von der Leere und Öde. Dann das plötzliche Wiederkommen der längst vergessen geglaubten Eindrücke und Empfindungen. Und oft als Folge die Schieflage des seelischen Gleichgewichts, ausgelöst vom Tod des Kindes. Die Gezeiten. Sie kommen und bringen Wasser. Es überspült die Ufer, bringt neues Leben und Nahrung für die sichtbaren und unsichtbaren Lebewesen.

Die Kräfte hinter den gewaltigen Bewegungen der Gezeiten bleiben den Blicken verborgen. Niemand kann sich vorstellen, wie stark die Kräfte sind, die diese gewaltigen Bewegungen auslösen. Erst nach langem Beobachten erkannte man die Zusammenhänge zwischen den Gezeiten, den Mondphasen und der Erdstellung. Die Gezeiten wurden berechenbar: Küstenschiffe und Fischerboote richten ihre Fahrten danach.

Springfluten, über das übliche Maß hinausgehende Gezeiten, haben große Schäden angerichtet, weil sie das berechenbare Niveau durchbrochen, die schützenden Deiche und das ganze Hinterland überflutet haben.

Ähnlich diesem Naturphänomen der Gezeiten ist die Trauer – nur nicht so berechenbar. Auch sie überschwemmt mich in Abständen, stoßweise. Sie kommt, wenn sie nicht gebraucht werden kann. Sie geht wieder, wenn ich ihr Platz in der Gefühlswelt einräume. Sie geht ihren eigenen Weg. Trauer ist nicht der Abschiedsschmerz als solcher, sondern die Zeit des Loslassens. Abschied auf dem Friedhof tut weh, unendlich weh. Trauer beginnt, wenn die ganze Hektik und lähmende Stimmung nach dem Todesfall vorbei ist. Wenn der Alltag kommt und sich in die Zurückgebliebenen schleicht. Im Trauerzustand drohen die inneren Deiche zu brechen. Die Fassung geht verloren. Sie bringt in Überreaktion den Soll- und Ist-Zustand durcheinander. Trauer überschwemmt. Alles, was nicht fest ist, schwimmt davon. Wenn das Kind stirbt, brechen die Dämme. Ausdruck des verlorenen inneren Gleichgewichts. Trauer greift nach dem innersten Empfinden und löst Wehmut aus. Sie stellt den Sinn des Lebens in Frage. Wie die ungleich belastete Balkenwaage. Eine Seite zieht nach unten, und schon fehlt der Gegenwert des Lebens. Was soll es überhaupt noch? Warum mache ich weiter? Was habe ich davon? Die ganzen Erinnerungen, welche den Trauernden mit dem Verstorbenen begleiten, sind Gegenwart und Zukunft zugleich. Es gibt keine Höhepunkte mehr, alles ist Gestern ohne Morgen.

Trauer ist nicht schwarze Kleider. Trauer ist graue Gedanken. Sie spielt sich innen ab. Dort, wo niemand hinsehen kann. Ich kann sie nicht ablegen wie ein Hemd. Kann sie nicht an der Garderobe abgeben. Trauer ist nicht verkäuflich. Ich kann sie auch nicht verschenken. Sie ist Begleiter auf einem Lebensabschnitt. Hat viele Gesichter. Und ihre eigene Mimik: Man wird melancholisch, wehmütig, deprimiert oder niedergeschlagen; trübsinnig, bedrückt, schwermütig. Ich igle mich hinter hohen Mauern ein. Sie verhindern, dass Licht auf das Schöne im Leben fällt, das mir auch begegnet. Ich verliere den Überblick. Mir bleibt die Froschperspektive – ich nehme das Leben nur noch von unten wahr. Alles ist riesig groß, droht mich zu erdrücken.

Vielleicht begrenzen die unsichtbaren Mauern ein Rückzugsgebiet für die Seele. Sich ins Dunkel zurückziehen, Kräfte sammeln. Klären, was oben und unten, was wichtig und was unwichtig ist.

Ich erinnere mich an die Angewohnheit von Heiko, zuviel Zahnpasta auf die Zahnbürste aufzutragen. Er putzte sich immer die Zähne an unserem „Männerwaschbecken.“ Weil er zu viel Zahnpasta auf die Bürste drückte, fiel immer ein Klecks ins Waschbecken. Dieser blieb dort, bis meistens seine Mutter das Becken putzte. Am Abend des 12. August, als ich erschöpft nach Hause kam, war „sein“ Fleck noch da. Frisch vom Morgen. Lange habe ich ihn angesehen und konnte nicht glauben, dass dies sein letztes Lebenszeichen, die letzte Erinnerung an sein erst vor wenigen Stunden beendetes Leben gewesen sein sollte.

Als dieses Andenken entstand, war es ganz normaler Bestandteil des Alltags. Nichts deutete darauf hin, dass diese banale Sache einmal solche Bedeutung erlangen würde. Ich habe mein Waschbecken lange nicht benutzt, nur um diese kleine, mir wertvolle Erinnerung zu erhalten. Ich sah den Klecks und wusste: von Heiko. Irgendwann wurde der weiß-rote Fleck Opfer des neuen Alltags. Er musste weichen. Geblieben ist der Rückblick auf diese Zeit. Heute noch, wenn ich einen Zahnpastaklecks sehe, schlagen meine Gedanken eine Brücke zum Gestern. Zu diesem einen Ereignis. Seit Heikos Tod ist an jedem Tag Ebbe und Flut. Kommen und Gehen der Erinnerungen. Festhalten und Loslassen.

Wie Tag und Nacht. Wie Sonne und Regen. Wie Säen und Ernten. Der Tod nimmt das Leben, die Schocktrauer lähmt. Der Rückblick in die Vergangenheit ist wertvoll, entspannt, weil ich dort auf Heiko treffe. Man kann nur mit entspannten Muskeln loslassen. Der entkrampfte Zustand macht ausgeglichen. In der ersten Zeit nach dem Tod von Heiko war das ganz anders: In mir hat sich alles beim Gedanken an ihn verkrampft. Als ob eine kalte Hand an das Herz fassen würde.

Dieses Empfinden hat sich zum Glück gelegt. Bestimmt hat es mir geholfen, dass wir viel über Heiko geredet haben.

Gewöhnt man sich an Trauergefühle? Hat die Seele eine Art Schmerzgedächtnis? Wenn der Schmerz des Abschieds immer da ist, wird er Alltag. Wir denken auch heute noch oft an Heiko. Der morgendliche Spaziergang mit Sonjas Hund ist der kleine Höhepunkt jeden Tages. Für den Hund und für mich. Allein mit den Gedanken, ungestört. Niemand sehen und hören. Der kleine Körper des lebhaften Tiers bewegt sich zielstrebig vorwärts. Er ist immer auf der Suche nach neuen Gerüchen und Veränderungen innerhalb seines abgesteckten Reviers. Ich, sein Herr, bin auf der Suche nach der inneren Wende. Suche den Sinn in meiner Gegenwart. Wir leben noch. Machen weiter. Funktionieren. Finden vorsichtig Halt im Leben. Treffen wieder Entscheidungen, deren Ausgang uns vor fünf Jahren egal gewesen wäre. Dabei haben meine Gedanken freien Lauf. Und sie gehen zurück, in den Alltag mit Heiko. Ein Alltag wie in allen Familien mit Kindern. Wo man auch einmal Ruhe gebraucht hat. Ich begleite in Gedanken Heiko morgens in die Schule, verabschiede ihn ins Schullandheim, freue mich mit ihm über schöne Erlebnisse in seiner Klassengemeinschaft. Leide mit ihm unter dem Druck des Lehrplans und allen Anforderungen des Schülerlebens. Keine Scheinwelt, sondern Trost für meine geschundene Seele.

Diese Assoziationen vermitteln mir einen Hauch von Realität des Lebens, das zu leben wäre, wenn ...

Jetzt, fast tausend Kilometer von seinem Grab entfernt, bin ich in Gedanken dort. Ich sehe die kleine Eibe vor mir, in deren Zweigen sich die Spinnfäden im Wind wie Tentakeln auf und nieder bewegen. Der hellgrüne Farn wippt sanft bei jedem kleinen Lufthauch. Das dichte Moos ist nach der langen, lichtarmen Winterperiode wieder in satten Grüntönen erwacht. Vögel singen. Ein Eichhörnchen huscht den dicken Baumstamm neben Heikos Grab hinauf. Es schwingt sich von Ast zu Ast und springt mit einem Satz auf den nächsten Baum, dessen Krone ein Dach über dem Weg bildet. Ein Eichelhäher sitzt dort auf dem Wipfel und beobachtet alles. Schnecken verstecken sich in den feuchten Gräsern. Überall Leben.

Der Tod ist groß
Wir sind die Seinen
lachenden Munds.
Wenn wir uns mitten im Leben meinen,
wagt er zu weinen
mitten in uns.
(Rainer Maria Rilke 1875-1926)

Als Rilke starb, war der Erste Weltkrieg vorbei. Die Welt ging dem größten Schlachtfeld ihrer Geschichte entgegen. Und siebzig Jahre nach Rilkes Tod ist der Tod bei uns. Nicht bei uns, mitten in uns und in unserer Familie!

Meine Erinnerungen sind nicht an den Friedhof gebunden, aber sie haben oft an diesem Ort ihren Ausgangspunkt. Dort, wo wir das Liebste hinbringen mussten, ist der Beginn eines veränderten Lebens. Das innere Chaos hat sich in den vielen Jahren wieder geordnet. Unbeantwortete Fragen haben nicht mehr die Kraft, Nächte zum Tag zu machen, und die Gedanken in ausweglose Wirbel zu versetzen. Ruhe und Friede sind in der Lage, das Leid erträglicher zu machen.

Und nicht zuletzt weiß ich, dass auch meine sterblichen Überreste einmal hier ihren letzten Ruheplatz finden werden. Dieses Wissen beunruhigt mich nicht. Dann bin ich ja mit meinem Sohn vereint. Dieser Tag wird kommen, in Gedanken habe ich mich schon oft damit beschäftigt. Ich lebe wieder gerne und wünsche, dass mein Tod noch in weiter Ferne liegen mag. Sollte es der, welcher alle Wege bestimmt, anders beschlossen haben, so habe ich keine Angst vor dem, was kommt. Vielleicht davor, wie es kommt, aber nicht vor dem, was danach kommt.

Ich lebe in der Überzeugung, Heiko in jener Welt wiederzusehen. Das hat mir geholfen, wieder in ein erträgliches Leben zurückzufinden. Das schockartige Erleben des Todes meines Kindes hat mir die Vergänglichkeit allen Lebens auf dramatische Weise bewusst gemacht. Deshalb kreisen meine Gedanken oft um diesen Punkt.

Menschen, die solches nicht erleben mussten, wähnen mich jetzt vielleicht im Bereich der Melancholie oder der Depression. Doch das bin ich nicht. Ich kann wieder herzhaft lachen. Manchen Witz habe ich in meinem Gedächtnis. Und gebe ihn bei passender Gelegenheit auch von mir. Aber es war ein steiniger und weiter Weg zurückzulegen, bis ich so weit gekommen bin. In den ersten Jahren nach Heikos Tod war mir alles viel zu ernst, um noch lachen zu wollen oder mich lustigen Dingen zuzuwenden.

Die Fröhlichkeit ist auch heute noch an manchen Tagen nicht echt. Dann, wenn meine Stimmung nicht dazu passt. Oft reicht ein Gedanke. Und das Licht geht aus. Nach Heikos Tod haben wir manche Feiern ausgelassen. Wir hätten mit unserer Trauer nicht in die fröhliche Atmosphäre gepasst. Vielleicht war es auch ein unangenehmes Gefühl Heiko gegenüber. Weil sein Verlust so schlimm war, dass wir einfach nicht fröhlich sein wollten. Und nicht konnten.

Ich glaube, dass Heiko an unserem Leben Anteil nimmt. Hierzu spricht folgende Begebenheit, die ich, wie alles in diesem Buch, wirklich erlebt habe: Vor einem meiner Geburtstage verfasste ich in der Mittagspause im Büro ein Gedicht im Rückblick auf Heikos letztes Geschenk, welches er mir an Weihnachten freudestrahlend übergab. Es lautet:

Das letzte Geschenk

Es ist das letzte Geschenk
von dir, liebes Kind:
Der kleine graue Elefant aus Porzellan
steht seit Jahren auf meinem Schreibtisch

Immer wenn ich ihn ansehe denke ich
an dich
und das letzte Weihnachten,
als du noch lebtest.

Du warst so stolz auf dein Geschenk für mich,
weil du darauf gespart, es selbst ausgesucht,
schön verpackt und mich voller Freude beobachtet hast,
ob dir die Überraschung gelungen war.

Hatte der Elefant damals in mir
die Bedeutung, die er heute hat ?
Du bist immer bei mir mit deinem Geschenk, das mich freut
und traurig macht, weil du nicht mehr da bist.

Es ist eine wunderbare Erinnerung
an dich, deine Liebe
und das Glück,
deine Persönlichkeit erleben zu dürfen.

In diesen wenigen Zeilen habe ich den ganzen Kummer zusammengefasst. Nun war es mir wieder leichter und ich habe am Abend diese Verse meiner Frau gezeigt. Dann legte ich sie in meinem Ordner ab, in dem ich solche Schriftstücke sammle. Zwei Tage später hatte ich Geburtstag.

Sonja kam frühmorgens zu mir und brachte ihr Geburtstagsgeschenk:

Eine wunderschöne Zeichnung eines Elefanten, der die Ohren aufstellt und seinen Rüssel hebt – genau wie der Porzellanelefant, welcher seit Jahren an meinem Arbeitsplatz steht. Und den ich zu Weihnachten 1995 von Heiko bekam. Niemand hat Sonja mein Gedicht gezeigt, niemand hat ihr erzählt, dass sich meine Gedanken mit Heikos letztem Geschenk beschäftigten. Und sie war schon lange nicht mehr an dem Schreibtisch, der viele Kilometer von der Wohnung entfernt steht. Sie konnte es einfach nicht wissen. Eine geistige Verbindung zwischen Sonja, Heiko und mir war entstanden. Unergründlich und in sich so fein verwoben, dass für mich kein Zweifel an der Anteilnahme des verstorbenen Kindes an unserem Leben besteht.

Zwei Jahre nach Heikos Tod besuchte ich den Vortrag eines Geistlichen, der sich in seiner Arbeit viel mit trauernden Eltern und Sterbenden im Hospiz beschäftigt. Er erzählte uns, was ihm eine trauernde Mutter berichtet hatte:

Am ersten Weihnachtsabend nach dem Tod ihres Sohnes machte sie anstatt des sonst üblichen Kirchgangs einen Spaziergang durch die Straßen. Sie war schwer belastet und traurig, weil sie allein war. Dann ging sie in ihrer Trauer wieder nach Hause und zündete eine Kerze an. In dieser trüben und bedrückten Stimmung saß sie an ihrem gewohnten Platz im Wohnzimmer und war in ihre Gedanken versunken. Plötzlich spürte sie, dass ihr Kind bei ihr war. Ihr Sohn streichelte sie und sagte mit leiser Stimme in ihr Ohr: „Mama, Weihnachten ist auch im Himmel schön.“

Ich sehe noch jetzt das Gesicht des Geistlichen beim Erzählen dieser Begebenheit. In seinen Augen standen Tränen der Rührung und des Mitgefühls. Er konnte die Freude der Mutter nachempfinden und verstehen, was sie so getröstet hatte.

Solche Erlebnisse können den Schmerz nicht heilen. Sie helfen aber, ihn auszuhalten.

Heilt Zeit Wunden? Die übliche Stellung dieser Worte ist: „Zeit heilt Wunden". Die gut gemeinten Worte haben wir leider oft gehört. Mancher nette Mensch hat diesen Spruch bemüht und meinte, einen gewissen Trost damit auszusprechen. In der ersten Zeit nach Heikos Tod habe ich dieser Lebensweisheit nichts Tröstendes abgewinnen können. Wer ein Kind verliert, für den bleibt die Zeit stehen. Wie kann da Zeit heilen? Wie soll ein starrer, zementierter Zustand Heilung bringen? Diese Worte tun weh, weil sie den trostlosen Zustand trauernder Eltern nicht berücksichtigen. Und einen ganz falschen Vergleich anstreben, indem sie Zeit als Mittel einsetzen, um den Verlust zu ändern. Man könnte treffender sagen: Die Zeit wird dir helfen, mit dem Verlust weiterleben zu können. Wunden, die heilen, verändern sich: Die Narbenränder wachsen aufeinander zu und verschließen allmählich die Wunde. In der großen Trauer gibt es kein Morgen, alles ist Heute. Deshalb schreibe ich bewusst den größten Teil des Buches in der Gegenwart.

Große Wunden hinterlassen lebenslange Narben. Der Verlust des Kindes ist wohl eine der größten Wunden, die das Schicksal schlagen kann: Es ist ein langer Lernprozess, bis wir begreifen, dass das Kind, der Mittelpunkt und Hoffnungsträger der Zukunft, nicht mehr da ist. Das Gefühl nimmt überhand, dass plötzlich nichts mehr im Leben Sinn hat. Das Leben der Eltern trägt – zumindest in der ersten Phase – nach dem Tod des Kindes eine unsichtbare Überschrift. Sie heißt: „Umsonst". Alles vergebens, umsonst Liebe aufgewendet, gesorgt, gearbeitet, gefreut.

Die Liste ließe sich beliebig lange fortsetzen.

Und wenn die Wunde zu vernarben beginnt, bildet sich eine harte Kruste über den verletzten Stellen. Immer wieder bricht die spröde Kruste auf, wenn die Haut angespannt oder gedehnt wird, wenn die Erinnerung Szenen aus dem Leben des Kindes nachspielt. Beim Anblick von Bildern oder Filmen aus der Vergangenheit. Oder wenn im Zimmer irgendein Gegenstand ins Auge fällt, der mit besonderen Anlässen in Verbindung gebracht wird. So auch das eingerahmte Gedicht, das seit Jahren an Heiko erinnert. Er hat es zum Muttertag geschrieben, als er in die zweite Klasse ging.

„Meine liebe Mutti du,
ich will dir Blumen schenken.
Was ich dir sagen will dazu,
das kannst du dir schon denken.
Ich wünsch dir Glück und Fröhlichkeit,
die Sonne soll dir lachen!
So gut ich kann und alle Zeit
will ich dir Freude machen.
Denn Muttertage, das ist wahr,
die sind an allen Tagen.
Ich hab dich lieb das ganze Jahr.
Das wollte ich dir sagen."

Unzählige Male bin ich schon vor der Wand gestanden, an der wir das eingerahmte Gedicht aufgehängt haben. Starrte auf die Verse, betrachtete die Schrift und die Verzierungen, mit denen er sein Geschenk verschönert hatte. Und sah dabei unser Kind. Wie der Junge sich mühte, es schön zu machen. Für seine Mutter, die er so liebte. Er hat es in Schönschrift unterschrieben. Diese Unterschrift habe ich kopiert und vergrößert dem Steinmetz gegeben, der Heikos Schriftzug in Stein gemeißelt hat. Damit gab er dem Grabstein ein persönliches Gepräge.

Heiko hatte wenig Zeit, uns Freude zu machen. Aber die Freude, die er geben konnte, war so schön und ehrlich. Sie war nicht oberflächlich. Sie kam ganz, ganz tief aus dem hintersten Winkel seiner kindlichen und liebevollen Seele. Und sie hat uns erreicht.

Die Nachbarin erzählt mir, wie sie Heiko einmal im Garten beobachtete. Er machte sich an den Tomatenpflanzen zu schaffen. Sie dachte, er würde damit Schaden anrichten. Deshalb sprach sie ihn an:

„Heiko, was machst du denn an den Tomaten?"

„Ich muss die Geiztriebe entfernen. Dann werden die Tomaten schöner und größer. So steht es auch in meinem Gartenbuch."

Er wusste eben Bescheid und hat sich mit seinen neun Jahren schon ein großes Wissen erworben. Viele Anekdoten aus seinem kurzen Leben werden uns immer wieder erzählt. Von Menschen, die ihn mochten und die er geschätzt hat.

So auch eine andere Nachbarin:

„Heiko war so freundlich. Er hat mich immer schon von weitem mit Namen gegrüßt, wenn er zur Schule gegangen ist."

Immer wieder auflebende schöne Erinnerungen.

Oder wir machen ein Spiel. Dann wissen wir bei bestimmten Konstellationen: Heiko hat so oder so reagiert. Wir denken zurück an seine Freude, wenn er das Spiel gewonnen, oder seiner kleinen Schwester gönnerhaft den besseren Zug überlassen hatte. Es bricht immer wieder auf. Und ich muss lernen, mich selbst und meine Gedanken zu ertragen.

Sonjas Narben am Bein stammen von den Nägeln, die den Knochen nach dem Oberschenkelbruch stabilisierten. In den Jahren nach den Operationen sind sie verheilt. Nur noch kleine Vertiefungen sind in der Haut. Dennoch bleibende Narben dessen, was einmal war. Sie werden immer sichtbar sein. Jeder Blick auf diese unveränderlichen Kennzeichen weckt Erinnerungen.

Sie sind da. Auch wenn ein Kleidungsstück sie versteckt. Gedanken an Heiko. Latent vorhanden, egal, was ich tue.

Jahre nach Heikos Tod werde ich gefragt:

„Wie oft am Tag denkst du an Heiko?"

„Ich habe es noch nie gezählt, aber zehnmal am Tag reicht nicht. Mit dem Gedanken an ihn stehe ich auf und gehe damit zu Bett. Es ist, als ob ein Glied am Körper fehlen würde. Es ist einfach weg. Und ständig wird man daran erinnert."

Weiterleben mit den Wunden

Das Leben muss weitergehen. Zum Glück sind nicht alle Tage gleich belastend und aufwühlend. Wenn ich die Zeitung lese oder den Nachrichten entnehme, wie achtlos Erwachsene mit Kindern umgehen, schlägt das neue Wunden in mir. Das Leid der betroffenen Kinder springt mich an. Im Gedanken, dass täglich auf der Welt ungezählte Kinder verhungern oder gar erschlagen werden, weil sie den Fernsehabend oder die Beziehung stören; weil sie den ungelösten Konflikten derer im Weg stehen, gegen die sie sich nicht wehren können. Dass Kinder zur Befriedigung von Lüsten entführt, missbraucht, erwürgt, erstochen, verscharrt werden. Mit Worten und Schlägen werden sie misshandelt, gedemütigt. Unschuldig! Schüler und Lehrer sind in den Schulen nicht mehr sicher. Werden gekidnappt, von Amokläufern ermordet. Die Sensation und Anteilnahme nach solchen schrecklichen Verbrechen ist riesengroß. Doch bald stürzt sich das Medieninteresse auf andere Neuigkeiten. Wer wendet sich den Hinterbliebenen zu?

Viele Beziehungen sind nach solchen einschneidenden Ereignissen gefährdet.

In vielen Wochen habe ich täglich meine Frau zu Sonja in die Klinik gebracht. Dann bin ich zur Arbeit gefahren und abends denselben Weg noch einmal. Jeden Tag 200 Kilometer. Ich hatte dabei viel Zeit, um meinen Gedanken nachzuhängen. Ich nenne sie die „Alles-egal-Zeit“.

Ich kannte jeden Brückenpfeiler und jeden Baum an der Strecke. Es wäre mir für meine Person egal gewesen, wenn ich mit einem solchen Hindernis kollidiert wäre. Mein Kind, die Grundlage, war weg. Zwei Säulen haben mich in dieser Zeit getragen: Das Verantwortungsgefühl gegenüber meiner Familie und die Verpflichtung, für den Lebensunterhalt zu sorgen. Dabei habe ich meine Grenzen und mich selbst kennen gelernt. Manchmal funktionierte ich in dieser Zeit nur wie eine Maschine. Aufstehen, fahren, arbeiten, fahren.

Dazwischen Zeit für viele Gedanken. Gelegenheit, mit Arbeit zu verdrängen, was die Hirngespinste ersannen. Auf Veränderung im Zustand des todkranken Kindes hoffen, enttäuscht werden. Dann spätabends heim, das Nötigste erledigen, Schriftwechsel, Anwalt, Telefon. Mechanisch, nur aus dem Willen heraus, fertig zu werden, der Situation endlich entfliehen zu können. Todmüde ins Bett fallen, aufschrecken aus dem Schlaf, lange vor dem Wecker wach sein.

Das vertraute Geräusch noch in den Ohren, wie Heiko morgens immer die Treppe herunterkam. Im Unterbewusstsein warte ich jahrelang darauf. Und er kommt nicht. „Blödsinn", sage ich zu mir, „er ist ja nicht mehr da." Schon wieder Erinnerung, was würde er heute tun, wie wäre der Tag, wenn …

Mörderisch sind die Unterbrechungen im Schlaf. Es ist, als ob du aus der Kurve fliegst. Von einem Moment auf den anderen schlägt ein Gedankenblitz ein. Vorbei mit der Ruhe! Die Nacht wird zum Tag, der nachfolgende Tag zur Tortur. Wachphasen in der Nacht, die im Grübeln enden, stehlen die Kraft für den neuen Tag.

Tief eingebrannt steht die erste Nacht nach dem Unfall in meiner Erinnerung, als wäre es eben erst gewesen: An meinen Tränen bin ich aufgewacht, die mir über das Gesicht liefen. Im Schlaf habe ich geweint. Ich konnte es nicht steuern, bestimmen oder verhindern. Tränen der Seele, von ganz innen heraus. Unvermittelt, aus dem schlafenden Körper heraus. In jener Nacht fand ich nur zwei Stunden Ruhe. Es war die schlimmste Nacht meines Lebens, mit der offenen, frischen Wunde. Und ich ahnte nicht, welche Zustände ich durchlaufen würde, bis auf den Wunden Krusten wachsen. Heute noch werden Empfindungen, Eindrücke, die ich vergessen geglaubt habe, wach. Sie rauben die Ruhe – immer noch, wenn auch abgeschwächt. In der Herbstzeit ist es besonders ausgeprägt, dieses Trauererleben. Die Tage werden kürzer und dunkler, das Licht fehlt. Dieser besonderen Stimmung entsprang das Gedicht:

Wo bist du ?

Der lange Tag mit allen Gedanken ist entschwunden,
der müde Geist endlich in den Schlaf versunken.
Die Nacht und ihre Träume neigen sich dem Ende –
ich liege wach und grüble in meines Bettzeugs Senke.

Jetzt würdest du aufstehen, ich höre in Gedanken deine Schritte,
die Holztreppe knarrte und stöhnte unter deinem ersten Tritte.
Jetzt wäre es Zeit, miteinander den neuen Tag zu begrüßen,
unser gemeinsames Leben wie gewohnt zu genießen.

Du wirst nicht mehr kommen, ich weiß es schon lange,
jedes Mal wird es mir bei diesen Gedanken ganz bange.
Ich habe mich im Lauf der Jahre etwas daran gewöhnt,
jedoch nicht immer mit dem harten Schicksal versöhnt.

Ich suchte dich auf den einstens vertrauten Wegen,
denke an dein fröhliches Lachen – welcher Segen.
Wie kurz waren deine Tage, wie schnell ist die Zeit vergangen,
schon jung warst du alt – und wurdest gegangen.

Eine Sekunde hat jemand am Steuer nicht aufgepasst
und dein Leben durch Leichtsinn zu Ende gebracht.
Ich fuhr in die Berge, um dich in ihrer Majestät zu suchen,
stand allein im Wald unter Tannen und Buchen.

Fuhr mit dem Schiff aufs weite Meer hinaus,
warf wie ein Fischer leere Gedankennetze aus.
Wir sind noch da und du musstest gehen.
Traurig seh ich uns an deinem Grabe stehen.

Senkte den Blick in Deiner Mutter Traueraugen.
Fragte mich: „Zu was soll es denn taugen?"
Da sah ich nach oben. Hab dich in Gedanken gerufen.
Und merkte: Ich muss nicht nach dir suchen.

Ich weiß, mein Sohn, du bist immer ganz nah bei mir,
wenn meine Gedanken eilen zurück, voraus, zu dir.

Warum?

Warum müssen ausgerechnet wir diese Trauer erleben? Warum musste Heiko gehen? Warum musste Sonja so leiden?

Warum. Die uralte und zentrale Frage. Die erste im jungen Leben eines Kindes. Kinder lernen die Zusammenhänge in ihrer Umwelt kennen, indem sie beobachten, ertasten und immer wieder nach dem Warum fragen. Wir stellen diese Frage noch oft als erwachsene Menschen. „Warum" ist Motiv für Forscher, Ärzte, Entdecker und Erfinder. Sie wollen Zusammenhänge verstehen und so den Menschen helfen.

Wie oft hat es schon Erwachsene anfangs belustigt und irgendwann einmal genervt: Jede einigermaßen befriedigend ausgefallene Antwort wurde von einem Kind mit einem neuen „Warum?" in Frage gestellt. Der Wissensdurst kleiner Kinder kann nie gestillt werden.

Ich habe es mir abgewöhnt, über „Warum" im Zusammenhang mit Heikos Tod und Sonjas Leiden zu sinnieren. Unser Seelsorger sagte uns: „Auf diese Frage gibt es in diesem Leben keine Antwort und niemand, der eine passende geben kann."

Es dauerte lange Zeit, bis ich seiner Aussage zustimmen konnte. Wenn das „Warum" nicht beantwortet wird, bleibt Leere.

Ich betrete mit weichen Sohlen einen Waldboden. Der Fuß findet nur Gewesenes. Er geht auf einem Weg, der vor Generationen entstanden ist. Herabfallendes Laub der Gehölze hat einen Teppich gebildet. Abgefallen. Vergangen. Daraus ist Erde und fruchtbare Krume entstanden. Im Wechsel der Jahreszeiten ist neues Material dazu gekommen. Wieder zugedeckt von den nachfolgenden, verweslichen Teilen dessen, was einmal Lebensgrundlage war. Die Blätter waren Filter und Schattenspender, Ernährer und Nahrung. Vorbei. Ihr veränderter Zustand macht sie in ihrer Vergänglichkeit wertvoll.

Und auf dem Waldboden laufen Ameisen. Arbeiterinnen. Mit einer Last, die schwerer ist als ihr eigenes Körpergewicht. Unermüdlich schleppen sie ihre Bürden. Wie Eltern, die sich mit der Trauer um ihr Kind abmühen. Viel schwerer wiegt sie als alles andere im Leben.

Unbegreiflich ist der Tod. Noch unbegreiflicher der Tod eines Kindes, weil er den üblichen Lebensrhythmus durchbricht. Das Leben der Menschen gleicht den Blättern am Baum. Im Frühling, wenn die Tage länger und wärmer werden, brechen die kleinen Knospen an den Ästen auf. Winzige hellgrüne Blättchen rollen sich aus der schützenden Hülle, entfalten sich, werden fest. Das Blattgrün wird dunkler. Wenn die Blätter groß sind, bilden sie Zucker, damit Früchte wachsen können. Und die Blätter beschatten die Früchte wie ein Schirm, der über sie ausgespannt ist und vor der sengenden Sonne der Sommertage schützt. Im Herbst dann die Erntezeit. Es wird kälter, die Blätter verlieren ihr Grün, leuchten manchmal noch in den schönsten Farben und fallen dann ab. Sie haben ihre Lebensaufgabe erfüllt.

Doch hier, wenn Kinder sterben? Da sind Blätter vom Baum gefallen, die voll im Leben standen. Abgerissen vom Tod verlieren sie ihre Farbe zur Unzeit: bevor sie sich ganz entfalten konnten. Keine Zeit mehr für sie, die Früchte ihres Lebens zu entwickeln und beschattend zu schützen. Absurder Zustand: Herbstlaub im Frühling! Im Frühling des Lebens!

Noch absurder: Die älteren Blätter sind immer noch da. Können nichts gegen den frühen Fall tun. Ihr Leben muss weitergehen. Miteinander lebten sie am gleichen Ast der Familie. Nun werden sie vom Trauersturm geschüttelt.

Nach diesem brutalen Einschnitt braucht es Zeit, wieder Lebensmut zu finden. Nur langsam baut sich neue Energie auf. Sie zieht die Kraft aus den tiefen Wurzeln der Liebe zueinander. Hoffnung und Zuversicht waren unsere Stützen in dieser traurigen Zeit. Wie kleine Pflänzchen sind sie gewachsen und wurden stark im Laufe der Jahre. Und sind dennoch immer gefährdet durch die Kälte. Die Kälte des Todes. Sie überrascht uns immer wieder einmal. Nichts löst dann die bohrenden Gedanken ab. In den Stunden mit sich allein. Warum musste das geschehen? Ein Sekundenbruchteil hat genügt, um das junge, hoffnungsvolle Leben zu zerstören. Mangelndes Beherrschen der Technik, zur falschen Zeit am falschen Ort, schon sind alle Lebenspläne Makulatur.

Warum musste das geschehen? Viele Selbstvorwürfe plagen mich:

„Ich habe die Vorwarnung im Traum vor dem Unfalltag nicht erkannt!"

„Meine Gefühle waren zu schwach, um der inneren Stimme zu folgen und meiner Frau zu sagen: Bitte bleibe da, ich habe kein gutes Gefühl, wenn du jetzt gehst! Ich träumte heute Nacht von einer Beerdigung. Pass auf uns alle auf!"

„Ein größeres Fahrzeug wäre im Stande gewesen, den Aufprall besser aufzufangen!"

„Ich hätte besser vorsorgen sollen!"

Ich habe den Unfall nie als eine Strafe Gottes oder einen Wink gedeutet, mein bisheriges Leben zu ändern. Es würde auch der Vorstellung von einem gerechten Schöpfer zuwiderlaufen, wenn er ein unschuldiges Kind „bestrafen“ würde. Wofür denn? Wenn Gott meine oder unsere Verfehlungen mit diesem Schicksal ahnden wollte, dann hätte er damit gewiss zum falschen Mittel gegriffen.

Hätte ich solchen Gedanken weiteren Raum gegeben, dann wäre mein Inneres in totale Schieflage geraten, der Übergang in ein wieder geregeltes Leben wäre verwehrt geblieben.

Trostversuch: „Wer weiß, was Eurem Kind erspart geblieben ist.“ Darin liegt vielleicht etwas Beruhigendes, wenn ich mir vorstelle: Heiko wäre jetzt seit Jahren nach dem Unfall im Koma. Irgendwo in einer Pflegeeinrichtung. Wie viele andere Kinder, die wir in aller Regel nicht sehen. Oder er wäre einfach nur so krank geworden.

Oder er würde an falsche Freunde geraten. Drogen könnten ihn in ruinöse Lebenssituationen fallen lassen. Aber er würde leben! Diese Fiktionen letztendlich zu beurteilen und in lebenswertes oder nicht lebenswertes Leben zu qualifizieren ist untauglich. Es hätte ja auch schlicht und ergreifend gut gehen können. Wie bei Millionen anderen Kindern und Jugendlichen auch.

Aus medizinischer Sicht bestand wenig Aussicht auf eine völlige Genesung von Sonja. Was wäre gewesen, wenn unsere Tochter von der Beatmung genommen worden wäre? Wenn ich sie heute sehe! Sie nimmt am Leben teil wie andere Kinder; hat ihre Wünsche und ist eine eigene Persönlichkeit. Wie andere Kinder und Jugendliche auch.

Wir sind dankbar, dass an Sonja ein Wunder geschehen ist. Die Heilung des Gehirns erfolgte ohne Anstoß von außen. Es konnte nichts unternommen werden, als dem Körper Zeit zu lassen, bis er die Gehirnfunktionen neu geordnet hatte. Alle unterstützenden Rahmenbedingungen waren da: Sauerstoff, Nahrung, Pflege. Doch niemand konnte den alles entscheidenden Anstoß zur Genesung geben.

Trostversuch: „Es hätte ja noch schlimmer kommen können.“ Menschen streben immer den Idealzustand an. Und der ist eben Leben und nicht Tod. Wir sind nach dem schlimmen Erleben dankbar, uns haben zu dürfen. Auch wenn die Familie nicht mehr vollständig ist.

Die erste Zeit nach dem Tod des Kindes ist auch eine Zeit der Auflehnung, des Nicht-wahrhaben-Wollens: Ich glaube nicht, dass mein Kind tot ist! Glaube, dieser schreckliche Zustand hört irgendwann einmal auf und alles ist wieder so gut, wie es war. Sage zu mir selbst: „Du hast nur schlecht geträumt, Heiko ist eine Zeit lang weg, er kommt aber bald wieder!“ Ich bin einfach nicht fähig und willens, das endgültige Hinscheiden des Kindes zu begreifen. Sein Leben einfach ausgelöscht wie eine Kerze. Das Bewusstsein erfasst nicht spontan: Jetzt ist wirklich alles vorbei. Wenn ich die brutale Realität sofort durchschaut hätte, wäre ich seelisch überfordert gewesen. Vielleicht ist das ein Selbstschutz der Seele in ganz schrecklichen Situationen.

Doch nach und nach löst sich die selbst gebaute Scheinwelt auf. Irgendwann habe ich begriffen, dass Heiko wirklich tot ist. Ein ganz schlimmer Abschnitt: Die Trauer wird hart, unbarmherzig, real, das Leid zu einem tiefen dunklen Schacht. Schwer beherrschbare Stimmungsschwankungen sind oft die Folge. Kleine Auslöser genügen. Beispielsweise wenn ich Heikos Freunde sehe. „Sie dürfen leben – dein Kind ist tot!“ Aufruhr im Innersten. Oder ich räume seine Sachen weg, trenne mich von Gegenständen seines Lebens für immer.

Es ist so schwer, loszulassen. An jedem Stück, das ich weggebe, kleben Erinnerungen. Ich sehe nicht den Pinsel, mit dem Heiko Wasserfarben aufs Papier malte, sondern die Finger, die den Pinsel führten. Sehe nicht die Bücher in den Regalen, sondern höre die Fragen, die er gestellt hat, wenn ihm beim Lesen etwas unklar war.

Jeder Winkel des Hauses erinnert mich an die Tage, als wir gemeinsam umgebaut haben. Heiko klopfte mit dem Hammer die alten Fliesen von den Wänden, war bei mir, wenn ich im Garten war. Half mir, als ich die Terrasse und die Steinmauer anlegte. Ständig war er dabei, hat alles beobachtet.

Diese harte Trauer ist der Wechsel in eine neue Gegenwart. Das Schlimme dabei ist: Ich werde plötzlich als Elternteil nicht mehr gebraucht. Mir wird auf einen Schlag bewusst, wie einsam und verlassen ich ohne Kind bin. Und manche früher als Pflicht empfundene Aufgabe war in Wirklichkeit Kür. Ich würde es jetzt gern noch einmal tun. Mit dem Wissen von heute und damit viel bewusster. Plötzlich wiegt der Verlust doppelt schwer.

Bleibend sind jedoch die Eindrücke, die das Kind in seinem kurzen Leben hinterlassen hat, sein Wesen und seine Eigenschaften.

Heikos Orgellehrer schrieb uns zum zweiten Todestag einen Brief. Ich zitiere ihn auszugsweise:

„Ich bin sehr froh über die Monate, in denen ich Heiko besser kennen lernen durfte. Doch schon vorher war ich überrascht, wie aufmerksam dieser junge Mensch durchs Leben geht. Kein anderes Kind hat mich schon so früh mit Namen gegrüßt – das ist nicht nur ein Zeichen von guter Erziehung sondern zeigt auch Offenheit und Unerschrockenheit, Eigenschaften, die heute mehr denn je notwendig sind. In unseren Orgelstunden bekam ich dann noch tiefer liegende Eigenschaften von diesem lieben Menschen mit. Ich spürte, dass er mich mag.

In meiner Erinnerung sind lustige Bilder, zum Beispiel, wie er jedes Mal gelächelt hat, wenn sein Versuch, den schweren Orgeldeckel mit einer Hand zu heben, wieder fehlschlug.

An Heiko gab es aber auch sehr faszinierende Seiten. Ich erinnere mich noch, es war in einer der ersten Orgelstunden, dass ich Heiko einige Prinzipien der Orgelregistrierung erklärte. In der nächsten Stunde konnte er es dann schon selbstständig, ganz ohne meine Hilfe. Überhaupt hat es immer gereicht, ihm etwas einmal zu erklären – danach wusste er es.

Eine Sache hat mir an Heiko besonders gut gefallen und in diesem Punkt kann ich noch viel von ihm lernen – er war absolut vorurteilsfrei. Ich erinnere mich an ein kurzes Gespräch mit ihm über Fremdenfeindlichkeit. Mit welchem Kind kann man schon über so etwas sprechen?

Vielleicht war ein Grund dafür die kindliche Unbefangenheit, aber sicherlich ist es auch seine Wesensart, nie über andere zu lästern – auch wenn dies noch so populär ist.

Für mich war Heiko nicht nur ein nettes Kind, sondern er ist für mich ein lieber junger Freund, und wie ich schon geschrieben habe, in manchem Bereich auch ein Vorbild.

Wenn ich mich mit Heiko gedanklich beschäftige, dann soll dies nicht mit einem ‚das ist alles so schlimm' abgetan sein, sondern dann möchte ich lachen beim Gedanken an sein Lachen, dann möchte ich weinen beim Gedanken an Eure Trauer, dann möchte ich mich erinnern an die (leider viel zu wenigen) Begegnungen mit ihm und dann will ich auch an seine Schwester denken, dass die Zeit die körperlichen und seelischen Wunden heilt.

Seid getröstet in dem Wissen, dass für mich Erinnerung, Mitgefühl und Trauer nicht nach einer endlichen Zeit abgehakt ist."

Der letzte Samstag in Heikos Leben ist mir immer noch ganz lebendig: Es ist sehr warm an diesem 10. August. Ich arbeite im Garten. Der Inhalt des Kompostbehälters ist nach zwei Jahren verrottet, ich will die frische Erde durch ein Sieb werfen und möchte sie dann auf den Beeten im Garten verteilen. Heiko ist bei mir und hilft. Wir schaufeln gemeinsam die schwere, feuchte Erde auf das Sieb, das ich auf die Schubkarre gelegt habe. Weil die Erde zu nass ist und nicht durch das Sieb passt, klopfe ich mit einer kleinen Schaufel auf die Erdklumpen. Mein kleiner Gärtner steht neben mir. Interessiert beobachtet er, was ich tue. Dann sucht er mit seinen bloßen Händen die Würmer aus der frischen Erde heraus. „Papa, halt, die Würmer sind ja tot, wenn du sie mit der Erde an den scharfen Kanten des Siebs zerreibst. Ich sammle jetzt alle Würmer in einem kleinen Eimer. Dann trage ich sie in den Garten, damit ihnen ja nichts passiert." Erst nachdem die Würmer abgelesen sind, darf ich neue Erde aufbringen. Und mein Sohn rettet die nächsten Würmer. Der Nachmittag vergeht schnell.

Unvergesslich! Seit diesem Tag siebe ich keine Komposterde mehr, weil in Gedanken mein Kind bei mir steht und um das Leben der kleinen, ekligen Nützlinge bangt. Wenn ich an Komposterde denke, steht dieses letzte Mal vor mir.

Vernarbte Wunden. Immer drohen sie durch die lebhafte Erinnerung aufzubrechen.

Ein Phänomen menschlicher Gedächtnisleistung: Man kann Ereignisse aus der Vergangenheit bei Bedarf minutiös nachvollziehen. Was längst vorbei ist, plötzlich ist es wieder Gegenwart. Das Gehirn speichert Gesprächsfetzen und Eindrücke und kann sie in einem Moment reproduzieren. Szenen laufen ab wie ein Film. Wenn das doch alles nur ein Drehbuch wäre und die Eltern seine Autoren. Welches glückliche Ende würde der Film nehmen, wenn wir ihn hätten drehen dürfen!

Heikos Tod wirkt nicht nur in uns nach, sondern auch in anderen Menschen:

Meine Frau ging fünf Jahre nach seinem Tod in Sonjas Schule zu einem Elterngespräch. Dort begegneten ihr einige junge Mädchen. Sie blieben vor ihr stehen.

„Entschuldigung, sind Sie die Mutter von Heiko?"

„Ja, warum fragt Ihr mich nach Heiko? Ich kenne Euch nicht."

„Wir sind seine ehemaligen Schulkameradinnen." Sie nennen ihre Namen.

„Wir sind froh, dass wir Sie nach vielen Jahren wiedersehen, weil wir ein schlechtes Gewissen haben. Wir hatten in der dritten Klasse Ihrem Sohn einige Dinge aus dem Schulmäppchen gestohlen. Er wusste damals nicht, wer es war. Und jetzt ist er schon so lange tot. Es beschäftigt uns immer noch, dass wir ihn bestohlen haben. Wir schämen uns deshalb und bitten Sie, dass Sie uns verzeihen."

Dieses Gespräch hat in uns nach Jahren wieder viele Erinnerungen wachgerufen. An Namen und Begebenheiten, kleine und große Ereignisse aus Heikos Kindheit.

Mensch sein kann so schön sein. Und so schwer. Und manchmal ganz traurig, wenn verpasste Gelegenheiten das Gewissen strapazieren. Man einander nicht mehr verzeihen oder die Hand geben kann. Wie stolz waren damals die kleinen Kinder: Heiko hat es nicht gemerkt, dass wir ihm etwas weggenommen haben. Und als sein Tod die Gelegenheit zur Wiedergutmachung nahm, war es zu spät. Die Reife der Kinder nahm zu. Ein bohrendes Gefühl der Selbstanklage entstand. Erst im Gespräch mit Heikos Mutter konnten sich die Mädchen entlasten.

Die Trauer droht mich manchmal zu erdrücken. Doch ich verstecke sie: Auch wenn ich mich mit der Last der Trauer abschleppe, muss mir nicht jeder ansehen, was ich gerade denke und fühle oder wie trüb es an manchen Tagen in mir ist. Dann wandern die Gedanken: „Wie wäre es, wenn …?"

Stell dir vor, es ist Abend und er kommt wieder …

Die Sonne ist hinter den Bäumen verschwunden. Im kaltweißen Mondlicht werfen die dicken Äste der großen Bäume im Garten lange Schatten. Die Nacht ist hereingebrochen: Weil ihre Kühle um das Haus herumschleicht und feuchte Luft durch alle Ritzen hereindringt, wird es etwas ungemütlich. Ich bin allein zu Hause und gehe aus dem Wohnzimmer in den Flur. Im Halbdunkel stolpere ich über ein Paar weiße Turnschuhe. Sie sehen aus wie die, die Heiko an seinem letzten Lebenstag getragen hat. Komisch, solche Schuhe gibt es bei uns gar nicht mehr.

Ich knipse das Licht an. Hinter der Haustüre steht ein blauer Rucksack. Das ist derselbe, den Heiko immer getragen hat. Am Ende des Trägers ist eine kleine Schlaufe, an der unser Hausschlüssel hängt. Ohne zu überlegen erkenne ich sofort: Das ist Heikos Schlüsselanhänger, den er in der zweiten Klasse selbst gemacht hat. Kleine durchbohrte Holzkugeln, mit ganz fest geflochtener brauner Wolle verknüpft. Ich gehe staunend weiter und fühle mich in frühere Zeiten versetzt.

Am Spalt unter der Badezimmertüre sehe ich, dass Licht brennt. Ich war doch vorher allein im Haus? Ist jemand gekommen? Ich habe nichts davon bemerkt. Dann höre ich, wie der Stiel einer Zahnbürste in den Zahnputzbecher fällt. Klack! Genau so hat er immer seine Zahnbürste in den Becher fallen lassen. Jetzt bin ich mir ganz sicher: Heiko ist da! Die Türe ist nicht verriegelt. Vorsichtig und ganz leise öffne ich sie. Mein tränenverschleierter Blick huscht über eine Gestalt. Ganz deutlich wird es mir jetzt: Das ist mein Kind!

Tausend Gedanken wollen auf einmal formuliert sein. Es geht nicht. Ich lasse es sein und genieße den gedanklichen Augenblick. Wir fallen uns wortlos in die Arme. Es ist so unbeschreiblich schön. Nach langem Stillhalten muss ich ihn ansehen. Ja, er ist es wirklich! Er ist größer geworden, doch mein Gedächtnis hat mich nicht getäuscht, er ist noch derselbe. Wie er in meiner Erinnerung gelebt hat. Mir ist ganz schwindlig vor Freude.

Seine Haare stehen noch immer im selben lustigen Wirbel ab wie damals. Er sieht mich an. Ich stelle mir vor, wie er mich dann in seine Arme schließt und mich ganz fest an sich drückt. So, wie er es immer gemacht hat. Sein Kopf liegt auf meiner Schulter. Er sagt: „Mein lieber Papa, endlich bin ich wieder bei dir. Und du kannst mich für Momente sehen." Tränen sammeln sich in meinen Augen. Jetzt ganz langsam und vorsichtig atmen. Das Herz hämmert wie wild, der Puls jagt.

Wir gehen in meiner Vorstellung zusammen in das Wohnzimmer. Er beachtet gar nicht die vielen Pflanzen und die bunten Fische im Aquarium, das er mit seinem Ersparten finanziert hat. Ich wundere mich über sein Verhalten. Es hat sich doch so viel hier verändert, seit er weg ist. Er bewegt sich so, als ob er immer da gewesen wäre.

Lange sitzen wir beieinander auf der Couch.

„Papa, ich habe dir so viel zu erzählen. Ich lebe jetzt in einer ganz anderen Welt, als du sie kennst. Deshalb kann ich sie dir nicht beschreiben, weil eure Sprache dafür keine Worte hat. Es gibt dort Töne und Farben, die kannst du dir nicht vorstellen. Seit ich weg bin, habe ich euer ganzes Leben begleitet. Ich habe dich gut gesehen, als du mit den Polizisten auf den Friedhof gegangen bist, um mich zu identifizieren. Ich sah, wie du nach Worten gerungen hast, wie tapfer du sein musstest, obwohl dir gar nicht danach zumute war. Ich war bei Mama, als sie nächtelang vor Schmerzen und vor Sehnsucht nach mir nicht schlafen konnte und keine Ruhe fand. Ich habe gesehen, wie hilflos ihr an Sonjas Bett standet. Alle Menschen, meine Schulkameraden, die Lehrerin, den Seelsorger, Omas und Opas. Die Menschen, die sich von mir verabschiedet haben, ich habe sie auf dem Friedhof gesehen. Ich wusste bis zu diesem Augenblick nicht, wie viele Menschen mich lieben. Und ich war immer bei euch!

Ihr habt euch gewundert, dass ihr nicht zusammengebrochen seid. Ich weiß: Ihr habt geglaubt, dass es mich auch im Tod noch gibt. Deshalb hattet ihr Kraft, das auszuhalten. Dann war ich auch in manchen Momenten euer stummer Zuhörer. Ich freue mich, wenn ich an eurem Leben Anteil habe. Wenn eure Gedanken ganz dicht bei mir waren, dann fühlte ich mich von dieser Kraft angezogen. Manche Menschen haben das gespürt. Sie wollten euch trösten und haben über mich gesprochen. Und haben mir damit eine Freude gemacht.

Ich weiß, dass ihr mich nicht vergessen habt. Manche Nacht war ich unsichtbar an Sonjas Krankenbett. Ich sah alles, was unternommen wurde, um ihr Leiden zu lindern. Sie war so schwer verletzt, dass ich schon meinte, sie würde auch zu mir kommen. Dann hat eine starke Kraft sie wieder ins Leben zurückgeholt. Es ist gut für euch, dass sie da geblieben ist.

Ich konnte sehen, wie lieb ihr euch habt. Mein kleiner Bruder ist in euer Leben gekommen. Er ist so niedlich, dass ich mich immer freue, wenn ich ihn sehe. Ich beobachte ihn, wie er zu meinem Grab rennt und den Weg durch eine Lücke in den Büschen abkürzt. Wie viel Spaß könnten wir miteinander haben!

Ich sehe dich auch, wenn du abends noch einmal mit dem Hund vor die Türe gehst. Gedankenverloren starrst du oft in die dunkle Nacht. Und ich weiß, wie schwer es für euch ist, weil ihr die Vergangenheit nicht abstreifen könnt. Es wird, so lange euer Herz schlägt, immer Gedanken an mich geben. Ich bin auch oft bei Mama, wenn sie mit sich allein ist. Sie hat mich zur Welt gebracht und es gibt keine Menschenseele, der ich jemals näher sein könnte als ihr. Sie war der erste Mensch, der mich geliebt und erwartet hat.

Sie trauert ganz anders als du, weicher, liebevoller. Du bist manchmal hart zu dir selbst. Dann wirst du auch ungerecht. Du stürzt dich in Arbeit, um dich dahinter eine gewisse Zeit zu verstecken. Mama leidet noch mehr als du unter der Trauer, weil sie mich schon geliebt hat, als du mich noch nicht gespürt, geschweige denn gefühlt hast. Das Verhältnis zwischen Mama und mir kannst du als Mann nicht nachvollziehen. Du denkst, ich sitze nur hier und rede. Und meinst, mich interessiere alles andere gar nicht. Weil ich dich nichts nach deinem Leben frage. Papa, ich muss dir jetzt etwas zeigen. Ich möchte dir damit einen ganz großen Unterschied begreiflich machen. Gleich wirst du erfahren, warum das so ist.

Hier ist ein großer Tisch. Bitte stelle ein Buch aufrecht darauf und klappe es auf, damit es am Anfang der Tischplatte stehen kann."

Ich nehme in Gedanken sein Gartenbuch, seine Lieblingslektüre, stehe auf und gehe an den Tisch. Dort schlage ich es auf und stelle es nach seiner Anweisung auf den Tisch. „So, und jetzt setze dich bitte auf den Stuhl, der direkt vor dem Buch steht. Was siehst du jetzt?“ Ich schaue vor mich hin. „Ich sehe ein Stück Tisch und dann das Buch. Es versperrt mir den Blick über den Tisch und das, was hinter dem Buch ist.“

„Genau so ist es bei euch, Papa. Alle Menschen sehen aus dieser Perspektive nur den Weg bis zum Hindernis. Die Strecke, die du jetzt sehen kannst, das ist euer bisheriges Leben. Du kannst alles sehen, was sich bisher abgespielt hat. Deine Kindheit und dein Leben bei Oma und Opa, als sie selbst noch jung waren. Deine Jugend und dein Lernen, das Kämpfen im Alltag um alles, was zum Leben notwendig war und ist. Du denkst an eure Liebe, an das Zusammenleben mit Mama. Du siehst meine und Sonjas Geburt und unsere gemeinsame Kindheit. Wie ich nach der Kindergartenzeit in die Schule gekommen bin und wir zusammen eine wunderschöne, harmonische Familie waren. Wir lachten viel miteinander und freuten uns. Du nahmst dir immer etwas Zeit für mich.

Dann kommt das Hindernis, die Sperre. Plötzlich stellen sie sich in den Weg: der Verlust, die Trauer. Der Berg des Grauens. Die Zweifel und Ängste, die Sorgen und die Frage: Wie geht das Leben weiter? Für andere Menschen, die das nicht erlebt haben, gibt es andere Hindernisse. Das kann der Neid sein, die Krankheit, der Unfriede, der böse Nachbar. Oder die Unzufriedenheit mit sich selber. Es kann auch die Anklage sein gegenüber den Menschen oder Lebensumständen, die uns einmal weh getan haben. Oder die uns Unrecht getan haben. Und nun zeige ich dir, warum ich es jetzt besser habe als ihr."

Er steht auf und befindet sich in meiner Vorstellung für einen Moment über dem Tisch. „Siehst du, ich kann jetzt alles von oben sehen. Ich weiß, was hinter dem Buch, dem Hindernis ist. Das sind eure neuen Erfahrungen auf dem Weg, seitdem ich von euch gehen musste. Der Einblick, dass hinter dem großen Berg eine schöne gerade Strecke kommt. Sie wir schön durch euer Vertrauen in die Kraft, die euch über die Barriere geholfen hat.

Du atmest wieder freier, die Anstrengung lässt nach. Der ebene Weg belohnt dich für alle Mühe, die du vorher aufwenden musstest. Ich sehe euch alle, wie ihr euer Leben weiterzieht. Aber eines ist ganz sicher", er stellt sich an das entgegengesetzte Ende des Tisches, „wenn ihr euren Weg gegangen seid, dann sind wir wieder beisammen. Seid euch immer bewusst, dass ich Euch ganz, ganz lieb habe. Ich drücke euch ganz fest und denke immer wieder an euch. Ich bin voll Erwartung, wie euer weiterer Weg verlaufen wird."

Benommen von den Gedanken und Eindrücken reibe ich mir die Augen. Ich kehre aus einer ganz anderen Welt zurück.

Ich bin froh, dass die Familie in den schweren Tagen wie ein Netz war, das uns aufgefangen hat. Und wir hatten das Glück vieler guter und ehrlicher Freunde. „Freunde in der Not gehen tausend auf ein Lot." Diese Worte haben eine negative Bedeutung, weil sie sagen: Wenn es in die Tiefe geht, dann finden sich unter tausend Freunden nur wenige, die dich begleiten. Oder: Auf Freunde kannst du nicht bauen, wenn es dir schlecht geht. In guten Zeiten sind die Freunde alle da. Bei Fröhlichkeit und gemeinsamen Aktivitäten ist es leicht, gut Freund zu sein. Wo ist der Freund in schlechten Lebensabschnitten?

Wir haben erfahren, dass das Sprichwort auch positiv erlebt werden kann: Wenn es so ist, dass tausend Freunde auf das Lot gehen, das in die Tiefe geht bis zum untersten Punkt, dann brauchst du vor dem Tiefpunkt keine Angst zu haben. Wir haben uns nicht dem Irrtum hingegeben, dass viele Kontakte und Freunde das Allheilmittel gegen die Trauer sind. Trauer ist ein Lebensabschnitt, der unmittelbar zum Tod gehört. Sie braucht ihren Raum und ihre Zeit. Sie kann nicht mit Ablenkung bewältigt werden. Damit wird sie nur verdrängt. Man kann nicht auf Kommando trauern oder auf Knopfdruck mit dem Trauern aufhören. Ganz innen ist jeder Mensch mit seiner Trauer, seinem Schmerz und seinen Gefühlen immer auf sich gestellt. Und allein.

Egal, ob in Gesellschaft oder Begleitung von hunderten Menschen oder allein mit sich. Es gibt niemand, der einem die Gedanken abnimmt.

Eine persönliche Trauererfahrung: Trauer braucht Zeit und Worte. Ich habe schon dutzende Male verschiedenen Menschen erzählt, was mit Heiko passiert ist und wie es passiert ist. Mir Zeit genommen und Worte gefunden. Darüber gesprochen, was wieder gut wurde und was leider nie heilen wird. Und in jedem Erzählen bekommt die Trauer neue Facetten und Perspektiven, andere Blickwinkel. Das Gefühl, angenommen zu werden in meiner Trauer, lässt mich diese erkennen.

Gute Freunde helfen, reden zu können. Sie stellen ihre Fragen nicht aufdringlich, aber halten das Gespräch im Fluss. Die ehrliche Anteilnahme macht den guten Freund fähig, der Unterhaltung einen positiven Verlauf zu geben. So kommen fruchtbare Dialoge zustande.

Wenn der hilflose Kommentar des Gegenübers wäre: „Ach, ist das alles schlimm“, dann ist das Gespräch tot und das Thema erledigt. Sagt der Freund: „Und was hast Du dann gedacht?“ oder „Wie stellst Du dir dein weiteres Leben vor?“, dann fordert er den Trauernden zu neuen Ansätzen auf und dieser fühlt sich verstanden. Das kann nur funktionieren, wenn gegenseitiges Vertrauen vorhanden ist.

Als Trauernder muss ich aufpassen, nicht in die Klagerolle zu verfallen. Echtes Mitgefühl beim Verlust eines Kindes kann man nur dort erwarten, wo Parallelen vorhanden sind. Freunde, die sich solchen intensiven Gesprächen hingeben können oder wollen, sind rar. Sie begeben sich mit dieser Zuwendung in eine andere, fremde Welt der Trauer. Vom Verlust geplagte Eltern können ihre Zuhörer strapazieren. Es gehört viel Geduld und Einfühlungsvermögen dazu, sich den Jammer anzuhören. Mit einem Mal ist es nicht gesagt, Wiederholungen wirken ermüdend.

Dann könnte auch der Gedanke kommen: „Ja, gibt es denn kein anderes Thema mehr? Immer dasselbe Leid! Wann sind sie denn endlich über dem Berg?“ Eine Witwe war nach dem Tod ihres Mannes jahrelang sehr traurig. Sie wurde auf ihr sichtbares Leid angesprochen: „Sind Sie denn immer noch traurig?“ Sie sagte: „Ja, mein Mann ist immer noch tot.“

Wellen

Schwappende Wellen treiben auf mich zu.
Lassen meiner traurigen Seele keine Ruh.

War es gestern oder vor Jahren schon?
Die Zeit verschwimmt in der Wogen Kron.

Sie schleppen sich schwer über des Meeres Grund,
entreißen sich schäumend der Gezeiten Schlund.

Hin und her, auf und ab geht ihr Lauf.
Gefühle der Erinnerung spritzen hoch auf.

Treibt nur hin, ihr brandenden Wogen,
in Gedanken bin ich mit euch gezogen.

Niemand weiß – woher – wohin.
Worin liegt eurer Wege Sinn ?

Auf einem Wellenkamm ruhte mein Blick.
Er ging fort. Und kam nicht zurück.

Ich muss es leiden, dass du der Welt entschwunden,
kann nur im Reden und Denken darüber gesunden.

Freunde

Gute und verständnisvolle Freunde sind ein Geschenk des Himmels.

Ein Freund, der mit aufs Lot ging, rief mich am Tag nach dem Unfall an. Er bot sich an, immer ein geduldiger Zuhörer zu sein. Er sagte mir: „Wenn es für dich einmal ganz schwer wird und du meinst, mit niemand reden zu können, dann komme zu mir oder rufe mich an. Ich nehme mir Zeit für dich, wann immer du es möchtest. Du brauchst auf mich keine Rücksicht zu nehmen. Ich höre dir immer zu."

Schon das Wissen: Der Freund ist da, es gibt jemand, dem ich so viel wert bin, dass er seine Zeit meinen Bedürfnissen unterordnet, ist ein riesiges Potenzial an Trost. Es besteht kein Zwang, ein solches Angebot anzunehmen. Es ist ja „nur" ein Angebot. Aber es tut unendlich gut zu wissen: du hast einen solchen Begleiter.

Ein Jugendfreund, selbst Vater mehrerer Kinder, brachte viel Geduld auf und hörte mir zu. An vielen Abenden, als ich allein zu Hause und meine Frau mit Sonja in der Reha war, rief er mich an.

Ich bin ihm heute noch sehr dankbar dafür. Er hat eine herausragende Eigenschaft als Gesprächspartner, die mir in diesen einsamen Stunden sehr geholfen hat: Er ließ mich reden. Nie ist er mir ins Wort gefallen oder hat mich unterbrochen, wenn ich ihm berichtete, wie es Sonja ging und wie mich Heikos Tod belastete. Er war ein Freund auf dem Lot. Er ging mit und hat mit seinem Verstehen mehr gesagt als mit einer langen Rede, die mich beschnitten hätte. Und er hatte immer ein gutes Wort für mich.

Von Freunden wird in der Trauer oft mehr erwartet, als sie zu leisten im Stande sind. Ist es ein Versagen des Freundes, wenn der Trauernde zu hohe Erwartungen an ihn stellt? Der Freund ist vielleicht mit mir und meiner Trauer überfordert. Oder er kann einfach nicht auf mich zugehen. Weil er meint, meine Trauer nicht ertragen zu können. Ich könnte ja auch noch weinen müssen. Und bin doch ein Mann wie er. Der nicht weinen darf. Sonst ist er zu weich. Durchgefallen bei der Stärkeprüfung. Oder ich lehne ihn einfach ab. Mache das mit mir selber aus. Dabei soll er mir doch nur zuhören. Oder hat er selbst große Probleme?

Und dann gibt es im Erleben der Trauer auch ganz andere Tage: Man will gar nicht darüber reden. Die Gedanken sind so tief, dass man sich im Schneckenhaus wohl fühlt. Ohne seine Gefühle preisgeben zu müssen. Oder man glaubt, einen Etappensieg auf dem Trauerweg geschafft zu haben und will nicht dahinter zurückfallen. Dann will dich jemand aus der Reserve locken, und es geht nicht. Arme liebe Freunde und alle, die in diesem besonderen Zustand helfen möchten: Eure Geduld ist gefordert! Danke für eure Rücksicht!

In meiner Selbstbeobachtung ist mir eines aufgefallen: Die unangenehmsten Frager sind die Neugierigen. Schon der Tonfall des Fragers entlarvt ihn. Da klappt sofort das Visier herunter und ich werde knapp mit meinen Antworten. Was ich sage, bestimme ich. Kann nicht jeden Tag gleich weit gehen. Und möchte nicht mit jedem denselben Weg gehen, durch den Garten des Kummers, in dem so viele traurige Früchte reifen. Trauer macht sensibel: Ich kann Mitgefühl von Neugier unterscheiden. Ich wurde oft gefragt, welches Urteil gegen den Unfallverursacher ausgesprochen wurde, wie hoch seine Strafe war. Dieses Wissen mag für manche Menschen interessant sein, aber mir als Trauerndem bringt das überhaupt nichts. Und wenn Millionen geflossen wären, es hätte unser Kind nicht für eine Sekunde wieder ins Leben gerufen.

Das Chaos ordnet sich

Das Gespräch miteinander haben meine Frau und ich als sehr wohltuend und wichtig empfunden. Wir redeten viel. Über Heiko und uns. Obwohl es nicht immer leicht ist, die unterschiedlichen Trauergefühle von Mann und Frau auf eine gemeinsame Ebene zu bringen.

Wir haben Sonja nie spüren lassen, dass Heikos Tod schwerer wiegt als alles andere. Und wir haben sie auch wegen des Verlusts ihres Bruders nicht besonders verwöhnt. Heikos Geburtstag führt nur in die Erinnerung, an vergangene Zeiten. Er ist nicht der Anlass, Sonja an diesem Tag besondere Geschenke zu machen. Oder miteinander den Tag in besonderer Weise zu begehen. Der gemeinsame Gang an sein Grab ist selbstverständlich. Und oft bin ich schon alleine zu seinem Grab gegangen, wenn Geburtstage in der Familie oder Feste sind. Dann stehe ich an seinem Grab und mache mir Gedanken. Wie wäre es jetzt, wenn er noch leben würde. Und bei uns wäre. Am liebsten bin ich auf dem Friedhof allein oder mit Frau und Kindern. Andere würden dabei nur stören oder würden sich von mir oder uns beobachtet fühlen.

Gedanken an Heiko sind ständige Begleiter. Egal, ob ich unterwegs bin oder im Bett liege. In Sekundenbruchteilen tauchen Erinnerungen auf, die nicht an den Ort seiner letzten Ruhestätte gebunden sind. Zum Beispiel diese: Als wir das Haus übernommen hatten, gehörte ein alter Rasenmäher zum Inventar. Er funktionierte noch. Leider war es ein Modell mit Elektromotor. Zwischen den vielen Bäumen und Büschen mit dem Kabel zu hantieren war ein aufregendes und Zeit raubendes Unterfangen. Ich entschloss mich deshalb, ein Modell mit Benzinmotor zu kaufen. Vier Wochen vor dem Unfall erstand ich das neue Gerät. Heiko war Feuer und Flamme. Er durfte unter unserer Aufsicht den Mäher schieben. Das war genau nach seinem Geschmack. Dann das Unglück. Der Rasen wuchs wieder. Es kam der Zeitpunkt, an dem ich mähen musste. Das erste Mal ohne Heiko. Ich sehe mich heute noch durch den Garten gehen. Spüre, wie meine Tränen flossen. Und eine solche Leere um mich. Sah nur schemenhaft durch den Tränenschleier, wohin ich lief. Und denke nach sechs Jahren immer noch an das erste Rasenmähen.

Herbststimmung auf dem Friedhof

Es fallen
Die letzten
Kastanien
Von den Bäumen

Der Wind
Weht
Die welken
Blätter davon

Die Sonne
Schickt
Einen Gruß
Vom Himmel

Siehst du
Den Gruß
Den Strahl
Das Licht?

Fühlst du
Die Wärme
Der Erinnerung
Des Lebens?

Schaffe Raum
In dir
Für Hoffnung
Und Frieden

Das einmalige Kind
Musste gehen
Du brauchst
Neuen Mut

Für jetzt und heute
Für morgen
So lange
Du lebst

Die Seele
Lebt ewig
Denke
Daran!

Ich genieße noch die Urlaubstage an der Nordsee. Zusammen mit meiner Familie. Das Manuskriptheft ist mein ständiger Begleiter. Ich schreibe im Strandkorb. In der Sonne. Im Wind. Der feine Sand legt sich auf das Papier. Ich schreibe mit Bleistift. Dem macht der Sand nichts aus. Halte die Blätter so, dass der Wind sie nicht umschlägt. Im Bollerwagen, zuunterst, liegen meine papierenen Gedanken. Darüber Handtücher und der Rucksack. Und unser Hannes sitzt noch obenauf, damit wir ja nichts verlieren. Nach dem Essen gehe ich auf die Terrasse und schreibe weiter. Das, was einmal war. Und das, was mich bewegt. Bündle meine Gedankenfetzen in Worte. Streiche aus und schreibe darüber. Lebe im Gestern, das immer noch Heute ist. Gerade am 25. Mai. Heute ist Heikos 14. Geburtstag. Wie gerne würden wir heute mit ihm feiern und gemeinsam fröhlich sein.

Den Vormittag verbrachten wir am Strand und sind in Gedanken an seinem letzten Geburtstag, den wir miteinander erleben durften. Ein unvergesslicher Tag!

Damals hat er ein Fahrrad bekommen. Ich habe am selben Tag noch den neuen Tachometer montiert. Und dann ist er gleich auf Fahrt gegangen. Überglücklich ist er durch unseren Wohnort gefahren. Wir saßen mit den Opas und Omas hinter dem Haus. Immer wieder machte er bei uns einen Kurzbesuch und startete dann zu einer neuen Runde.

Wie an dem Tag im Jahr 1987, als er in unser Leben trat, lacht heute die Sonne von einem wolkenlosen Himmel. Tausend Kilometer entfernt von zu Hause genieße ich die Strahlen der Sonne. Schon unzählige Jahre ermöglicht sie mit ihrer Wärme Leben auf unserem Planeten. Heiko ist in meinen Gedanken ganz nah bei mir. Was war es für ein wunderbares Erlebnis, den kleinen Heiko auf den Armen zu tragen. Schon die ersten Minuten seines Lebens ganz bewusst und intensiv zu erleben. Basis für eine einmalige Zeit in der kleinen Familie.

Mit geschlossenen Augen sehe ich die Sonnenstrahlen tanzen und kleine Ringe malen. Ich erinnere mich an den Menschen, der für das ganze Geschehen verantwortlich ist und dessen fahrlässiges Verhalten so viel Leid über uns gebracht hat.

Zweimal habe ich mit ihm, nein, hat er mit mir telefoniert: Am Tag nach dem schrecklichen Ereignis meldete er sich und brachte sein Bedauern zum Ausdruck. Noch einmal, während der Reha-Zeit von Sonja, hat er angerufen. Ich wusste damals nicht, was ich ihm sagen sollte. Es hat uns zu viel getrennt. Deshalb war ich nicht in der Lage, von mir zu ihm eine Brücke zu bauen.

Später rechnete ich fest damit, dass ihn der Genesungsprozess meines Kindes interessieren würde. Weit gefehlt. Es blieb still.

Konnte er nicht oder wollte er nicht? Wie bringt er es fertig, mit seiner Schuld zu leben? Solche Fragen beschäftigten mich ein ganzes Jahr lang. Bis zum Prozess. Der wie ein Damoklesschwert über uns schwebende Tag der Gerichtsverhandlung brachte mich seiner Persönlichkeit endlich näher. Ein unerträglich heißer Tag war es, als ich ihm zusammen mit meinem Anwalt zum ersten und bisher letzten Mal in meinem Leben begegnete.

Trotz der Wärme hatte ich eiskalte Hände und Herzjagen, als ich dem Mann gegenüber trat, der unserem Kind das Leben genommen hat.

In meiner Vorstellung sah dieser Mensch ganz anders aus. Mir trat ein alter Mann gegenüber, der schwerfällig auf die Fragen des Richters reagierte.

Als mich der Richter fragte, wie es meiner Familie gehe, verfolgte er meine Antwort ohne erkennbare Regungen. In der Prozesspause kam er mit seiner Frau zu mir. Sie gaben mir die Hand. Ich stieß an meine Grenzen. Fast tat er mir Leid in diesem Moment. Dann versprach er mir, wieder nach Sonja zu fragen, ja uns sogar einmal zu besuchen!

Nach der Urteilsverkündung gingen wir ohne Worte auseinander. Er muss seine Strafe tragen und mit der Schuld leben. Wir gehen ohne Heiko weiter durchs Leben. Und schleppen diesen Verlust jede Minute unseres Lebens mit uns herum.

Niemand kann ihm seine Schuld ansehen. Er wird sich bestimmt oft an diesen schwarzen Tag seines Lebens erinnern. Auch wird er manche schlaflose Nacht haben. Aber er ist nicht täglich davon berührt, dass unser Kind nicht mehr lebt. Er kannte Heiko gar nicht. Stand vielleicht unter Schock, als das tote Kind auf der Straße lag. Und hat es dann gar nicht gesehen. Er lebt in seinem Kreis, seiner Familie und seinen Verhältnissen. Ich wünsche ihm, dass er dort verstanden wird.

Der Anblick des Sarges mit dem toten Kind und die hilflosen Blicke derer, die versucht haben, uns zu trösten, ist ihm erspart geblieben.

Die Wochen am Bett von Sonja, die zwischen Tod und Leben hing, sind ihm verborgen. Er hat nicht gehört, wie die vagen Aussagen der Ärzte die ganze Bandbreite zwischen Aufstieg und Untergang offen ließen. Und uns bis ins Innerste erschüttert und aufgewühlt haben.

Er weiß nicht um die Zeit, die wir in Gesprächen mit unseren Familienangehörigen verbracht haben, um die Folgen seines Fehlverhaltens zu bewältigen.

Die ungezählten Stunden, welche meine Frau mit Sonja bei den verschiedenen Therapeuten verbracht hat, und die Hunderte von Kilometern auf der Straße mit der eigenen Angst im Nacken; davon ahnt er nichts.

Er kannte nicht unsere Freude, als unser Kind wieder sprechen lernte. Und er hat nicht gesehen, wie das kleine tapfere Mädchen, auf Krücken gestützt, Gehversuche machte und von seiner Mutter in die Schule gebracht und abgeholt wurde. Die nächtlichen Ängste unseres Kindes sind ihm fremd, wenn es nicht schlafen kann und im Bett der Eltern Trost und Geborgenheit sucht.

Und er hörte nie das Gebet des Mädchens: „Lieber Gott, sei mit meinem Heiko im Himmel. Mach, dass es ihm gut geht."

Er ahnt nicht, wie schwer es ist, bei der täglichen Arbeit die Gedanken an all das Leid fallen zu lassen. Vergänglich ist das alles wie Schall und Rauch. Er kann nicht wissen, wie froh ich bin, den Umgang mit all dem gelernt zu haben. Auch wenn Loslassen schwer fällt. Ein täglicher Kampf.

Allem ist er durch sein passives Verhalten entgangen. Ich darf ihn nicht verurteilen, aber wir stehen auf gegenüberliegenden Seiten.

Was bringt mir seine Verurteilung, seine Strafe? Nichts!

Unser Leben hat sich verändert. Jahre habe ich gebraucht, bis ich mich von negativen Gedanken ihm gegenüber lösen konnte. Lange Zeit habe ich es ihm nachgetragen, dass er sich nie mehr gemeldet hat. Vielleicht lebt er gar nicht mehr? Ich kann es nicht zählen, wie oft ich mit Groll und einer unendlichen Trauer von Heikos Grab weggegangen bin. Mit der Faust in der Hosentasche. Weil ich nichts an seinem Tod ändern konnte. So grausam endgültig. Ohne Alternative. Stille. Schweigen. Lähmung. Starrte auf die Erde und die Pflanzen auf seinem Grab. Zwei Meter und ein Sarg ist zwischen Heiko und uns: zwei Meter Ewigkeit. Zwei Meter Tränen. Alles so nah. So weit und eine andere Welt. Zwei Meter. Oben und Unten. Was für ein Unterschied. Mein Arm würde fast reichen, um mit einer Verrenkung des Körpers diese Strecke zu greifen. Sie ist zu lang. Ich kann nichts ändern. Als Vater und Mann ist es selbstverständlich, Entscheidungen zu treffen. Etwas in die

Hand zu nehmen. Bis auf wenige Ausnahmen kann man persönliche Dinge regeln, auf Abhilfe sinnen, wenn es sein muss. Die eigene Hilflosigkeit im Tod des Kindes zu erkennen und nichts bewegen zu können, macht mich fast wahnsinnig. Ich sage es noch einmal: Nicht Groll gegen den Unfallverursacher persönlich. Sondern gegen das Leid, das durch Heikos Tod ausgelöst wurde.

Wie unterschiedlich das Verhalten in der Trauer zwischen Mann und Frau: Bei mir die innere Rebellion gegen das Unveränderliche. Bei ihr die Fähigkeit, sich in das Schicksal ergeben zu können. Die Faust offen zu lassen. Mich zu trösten. Über ihr noch größeres Leid hinweg. Sie hat ihn geboren, ihn vieles gelehrt, was ihn zu einem lebenstüchtigen Menschen machte.

Vielleicht war es auch gut, dass sich der Fahrer nicht gemeldet hat. Es hätte passieren können, dass ich in einer entsprechenden Stimmung zu harte Worte gewählt hätte. Oder, wenn er mich in der Groll-Phase angetroffen hätte, einfach das Gespräch abgebrochen oder erst gar nicht begonnen hätte. Ich weiß es nicht. Vielleicht hätte ich auch gesagt: „Seither haben Sie für unser Ergehen kein Interesse gezeigt. Jetzt habe ich kein Interesse zu reden."

Oder alles wäre anders gekommen, ich hätte ihm die Hand gereicht und gefragt: „Denken Sie auch jeden Tag an das Unglück? Wie geht es Ihnen?"

Eines ist klar: Als Verkehrsteilnehmer kann es jeden treffen, in eine solch schreckliche Situation verwickelt zu werden. Ich bin froh, dass er nicht alkoholisiert oder übermüdet war, als er den Unfall verursachte. Das hätte in meinen Augen seine Schuld verdoppelt! Ich weiß nicht, ob ich ihm dann vor Gericht so ruhig hätte begegnen können.

Das ganze Trauererleben ist eine enorme emotionale Belastung. An manchen Tagen hatte ich Bilder von Heikos Grab in der Hand. Es gibt aus allen Jahreszeiten welche. Ich wollte sie in einen Briefumschlag stecken und dem Unfallverursacher kommentarlos schicken. Als Aufschrei, als Aufforderung: Tun Sie doch endlich etwas! Lösen Sie ihr Versprechen ein! Unternehmen Sie den ersten Schritt, ich warte!

Nach langer Überwindung fand ich die Kraft, alles sein zu lassen. Der Mann ist jetzt über siebzig Jahre alt, wohnt weit weg von uns. Ich werde ihm höchstwahrscheinlich nie wieder begegnen. Warum musste er ausgerechnet an jenem 12. August auf meine Familie treffen? Ich weiß es nicht. Niemand weiß es.

Ihm Bilder von Heikos Grab zu schicken, wäre wie ein kleiner Triumph für mich gewesen. Ihn anklagen: „Sehen Sie sich an, was Sie angerichtet haben!"

Ich bin zu der Einsicht gelangt, dies wäre unfair dem Unfallverursacher gegenüber. Es hätte mir außer einer kleinen Genugtuung nichts gebracht und ihn nur aufgewühlt. Vielleicht hätte es ihn auch zerstört. Ich weiß nicht, ob er seit dem Unfall noch Freude am Leben hat.

Ich habe mich dem Schicksal gebeugt. Ich fand meine Ruhe in dem Augenblick, als ich es akzeptiert habe. Wenn jemand ähnliche Erfahrungen gemacht hat und diese Worte liest: Bis ich Heikos Tod als Bestandteil meines Lebens angenommen habe, rang ich fünf Jahre lang – mal mehr, mal weniger – mit dem Gedanken, diesem Menschen, der Heikos Tod verursachte, weh zu tun und ihn mit seiner Tat zu konfrontieren.

Dieses Annehmen war der Wendepunkt der Trauer. Nicht ihn zur Kenntnis nehmen und abhaken, sondern lernen, damit zu leben. Nach Frieden mit mir selbst suchen. In mir frei sein. Stundenlang zusehen, wie sich Wolken bewegen oder wie ein kleiner Bach sich durch die Wiesen schlängelt. Achten auf die kleinen Dinge, auf seine Gefühle und offen sein für die des Nächsten.

An einem schönen Frühlingsmorgen bin ich mit dem Hund unterwegs. Kein Lufthauch bewegt sich. Am blauen Morgenhimmel steht ein Heißluftballon über unserem Ort. Auf dem Spaziergang komme ich ihm näher und stelle fest, dass er langsam, ganz niedrig über dem Boden fährt. Das zischende Geräusch der Flamme durchbricht die Stille. Sie bäumt sich flackernd zur Ballonhülle hinauf, erwärmt die Luft und gibt damit dem Gefährt Auftrieb. Es ist keine andere Luft als die der Umgebung. Sie zeichnet sich auch nicht durch besondere Eigenschaften aus. Lediglich der Auftrieb der heißen Luft versetzt die Fahrer in die Lage, den Abstand zwischen sich und der Erde zu vergrößern. Als Ballast sind außen mehrere Sandsäcke angebracht. Bei Gefahr können sie schnell abgeworfen werden, um rasch wieder Höhe zu gewinnen. Mit weniger Last ist schnelles Steigen möglich. Von dort oben sieht bestimmt alles ganz anders aus. Nur noch Hecken und Zäune, ein paar Gebäude sind zwischen mir und der Gondel. Von unten sieht alles so groß aus. Von oben gesehen ist bestimmt alles winzig klein.

Aus dem Blickwinkel der Trauer: Jeder Tag ist gleich, die Atmosphäre unverändert. Was gibt meinen tristen Gedanken Auftrieb? Was ist in der Lage, dem Grübeln und der stillen Einkehr eine andere Richtung zu geben? Wie kann ich mich aus der schon wieder schweren Luft des heraufdämmernden Tages herausheben? Ich weiß es jetzt schon: Auch heute wird mir wieder bewusst werden, dass Heiko nicht mehr da ist. Jeden Tag dieselben Gedanken.

Dann muss ich Ballast abwerfen. Wenn die bedrückende Stimmung keinen Ausweg lässt und depressiv nach unten ziehen will.

Besonders schlimm sind die Herbsttage: lichtarm und lähmend. Schlechte Träume bringen sie mit. Machen Wut statt Mut. Haben einen Rucksack voll Tränen. Und noch eine Packung Selbstmitleid.

Sagen jeden Tag: Auch deine Sonne geht unter. Jeden Tag etwas früher. Und was untergegangen ist, traut sich erst gar nicht mehr heraus. Die Wolken sind vor der Sonne. Es wird immer dunkler um mich. Sehne mich nach Licht und Wärme.

Jetzt abwerfen heißt loslassen. Eigene Kräfte einsetzen, sich bewegen, dehnen, hinabbeugen. Die Schnüre des schweren Sackes aufbinden, Knoten entwirren.

Abgelassener Sand: Körner der Erinnerung. Rückblicke einmal sein lassen und nach vorne sehen. Scherben des zerschlagenen Spiegels aus dem eigenen Ich. Fragmente und Facetten aus dem Puzzle des Lebens. Hinaus mit dem Mosaik der tausend Fragen, die ohne Antwort kein Bild ergeben, fallen lassen und fahren. Irgendwo landen. Hauptsache dort, wo Tag und Nacht mindestens gleich lang sind. Oder besser noch dort, wo das Licht dominiert und dem Leben Zeit schenkt.

Flamme ist Wärme und bringt mit ihrem Auftrieb einen Gewinn an Höhe. Der Einsatz von Energie verändert den Zustand. Auftrieb bewirkt Abstand, hilft Trauer bewältigen, ermöglicht es, sich anzupassen an veränderte Zustände. Aufsteigen! Mit zunehmender Höhe wird die Luft dünner. Die Sichtverhältnisse bessern sich. Und die Gondel fährt geradeaus im Wind. Wie mögen sich die Menschen dort oben fühlen, nur von dem Korb und der warmen Luft in der Hülle getragen, dem Wind und den Naturkräften ausgesetzt? Ich will mit!

Weil keine Verbindung zur Erde mehr besteht, wird die Erdrotation nicht mehr wahrgenommen. Der Drehschwindel ist aufgehoben. Abstand. Alles, was in der Froschperspektive so groß und unüberwindlich erschien, ist jetzt klein. Der Blick von oben offenbart Schönheit, wo ich zuvor nur Hindernisse und Begrenzung wahrnahm. In der Höhe ist Weite, sind Licht und Wolken.

Ich denke an die Inschrift auf Heikos Grabstein. Wir haben sie von der Traueranzeige übernommen. Nachts allein im Schock nach dem schrecklichen Unglück für ihn entworfen:

„Sein Leben war ein Sonnenstrahl,
sein Lachen ansteckend,
sein Wesen einmalig!"

Der Sonnenstrahl seines Lebens in unserer Familie. Er brachte Wärme und Leben. Und durfte nicht lange scheinen, dieser kleine Lichtstrahl. Weil seine Helligkeit viel zu früh von der Wolke des Todes ausgelöscht wurde. Unsere Natursteinmauer im Garten: Sie wurde den ganzen Tag von den Sonnenstrahlen erwärmt. Die Sonne geht unter. Ich fühle noch die Restwärme des Tages, wenn ich daran vorüber gehe. Auch bei jeder Berührung. Heikos Leben ist vergangen. Geblieben sind Rückblicke auf sein hoffnungsvolles, ja optimistisches Leben. Auf die Wärme seines Lebens. Es war viel zu kurz. Aber dennoch so inhaltsreich und beispielhaft. Schon Jahre liegt sie zurück, meine Erfahrung seiner Lebensfreude. Doch das Bewusstsein, sie erlebt haben zu dürfen, trägt noch heute eine wunderbare Botschaft. Heiko war bei uns, es war kein Traum, alles wunderschöne Realität. Sekunden vor seinem Tod erzählte er seiner kleinen Schwester, wie man am besten junge Hasen hochhebt und trägt. Mit einem Lächeln auf den Lippen ist er aus diesem letzten Satz herausgerissen worden. Sein Gesicht strahlte noch im Tod Freude aus. Hat er es gespürt, als die tödlichen Kräfte brutal auf ihn eingewirkt und aus seinen Lungen die letzte Luft herausgeschlagen haben? Die Nerven hatten im schnellen Tod keine Zeit, seine Züge zu entstellen. Sonnenstrahlen über sein Leben hinaus!

Auf einem Wandkalender stand einmal der Spruch:

„Nicht entscheidend sind die Jahre unseres Lebens, sondern das Leben unserer Jahre." Heiko hatte Leben in seinen Jahren.

Heikos Lachen ist schon lange verklungen. Wie konnte er lachen! Hat sich die Ohren zugehalten, aus den Augen flossen Tränen. Die Luft ging ihm aus beim Lachen, er bog sich und hielt sich den Bauch. Ich sehe es noch vor mir. Die Schallwellen sind verebbt in der Stille der Ewigkeit und für menschliche Ohren nicht mehr wahrnehmbar. Sie schwingen nach: Innen, manchmal schemenhaft, oft ganz deutlich. Manchmal leider, oder zum Glück, ganz fein. Seine Fähigkeit Freude ausleben zu können, sein positives Denken, die Gabe, lustige Dinge zu erkennen und über sich selbst lachen zu können: herrliche Eigenschaften. Er konnte dem Alltag so bunte Farben geben, dass jeder Zeitabschnitt mit ihm lebenswert war. Auch wenn es geregnet hat und die Stimmung gedrückt war. Und ihn in der kalten Jahreszeit oft das Asthma plagte. Seine Bronchien pfiffen und die Luft wurde ihm knapp. Nachts hustete er stundenlang im Schlaf. Wir konnten nur lindern, nicht heilen.

Sein Lungenfacharzt schrieb uns eine Kondolenzkarte: „Wir trauern alle sehr um Heiko. Er war unser liebster Patient." Wenn die Anfälle vorbei waren: alles vergessen! Heiko war immer und zu allen freundlich.

Jeden Abend verabschiedete er sich von uns in die Nacht mit denselben Worten: „Gute Nacht, schlaft gut. Und danke für alles." Das hat ihn niemand gelehrt. Und wir haben es nicht von ihm erwartet. War seine Dankbarkeit „für alles" vielleicht schon im Vorgriff Ausdruck seines intensiven und viel zu kurzen Lebens?

Sein einmaliges Wesen: Jeder Mensch ist einmalig in seiner Beschaffenheit. Schon äußerlich unterscheiden sich alle Menschen. Es gibt nicht zwei gleiche. Wie es keine mit gleichen Fingerabdrücken gibt. Wie noch viel einmaliger der innere Mensch. Seine Charaktereigenschaften. Die Neigungen, seine Ausdrucksweise und die Art, sich mitzuteilen. Wie einmalig war Heiko! Eines Tages ist er von der Schule mit einer Weinbergschnecke heimgekommen. In einer Plastiktüte! Das Tier war auf dem Schulhof von einem anderen Kind fast zertreten worden. Heiko hat schnell aus dem Abfallkorb eine Plastiktüte geholt und die Schnecke hineingesetzt. Er versteckte die Tüte unter seiner Schulbank und blies immer wieder hinein, damit das Tier genügend Sauerstoff hatte. Voller Stolz und mit strahlenden Augen hat er uns von seinem Samariterdienst erzählt. Man könnte denken: Ach, wegen einer Schnecke so ein Tamtam. Was steckt alles hinter seinem Verhalten! Das Erkennen eines hilfebedürftigen Zustands. Sich einem hilflosen Geschöpf zuwenden. Seine Fürsorge und Bereitschaft, für das kleine Lebewesen Verantwortung zu übernehmen. Die selbstlose Fähigkeit, eigene Interessen zu Gunsten des unscheinbaren Tieres unterzuordnen. Und sich mit etwas abgeben und es für wichtig halten, an dem andere einfach vorübergehen.

Letztendlich, zu seiner Handlung zu stehen und passiven Zuschauern ein Beispiel zu geben. Und das alles in der ersten oder zweiten Klasse. Positive Anlagen auf einer sicheren Basis. Richtig geschult und mit entsprechendem Wissen ausgerüstet, ein Fundament für das ganze Leben.

Im letzten Frühjahr, das er erlebte, sammelte Heiko zusammen mit Sonja viele Weinbergschnecken. Sie wurden von den Kindern farbig markiert: Blau angemalte Papierfetzen für Heikos Tiere und rote Papierstücke für Sonjas Tiere. Mit Klebestreifen befestigten die Kinder die farbigen Fähnchen an den Schneckenhäuschen. Aus Abfallbrettern zimmerte Heiko einen kleinen Verschlag, damit die Schneckenherde im Garten nicht ausbrechen konnte. Jetzt beobachteten die beiden ihre Schnecken. Nach einiger Zeit wurden uns die Tiere dann doch zuviel. Ihren Markierungen entledigt, trugen wir sie am Pfingstmontag ganz neutral in einem Eimer wieder dorthin, wo ihre Heimat ist: Wir setzten sie in den Weinbergen aus.

Carpe diem – Nütze den Tag

Ein Taucher vollbringt eine große Leistung, wenn er dreißig Meter tief in die Unterwasserwelt eindringt. Ein Fisch würde darüber lachen. Und derselbe Fisch springt vielleicht im Übermut aus dem Wasser und findet sich plötzlich in einer anderen Welt, im Boot des Fischers wieder. Er kann nicht mehr zurück. Er ist aus seinem Element genommen.

Seit es Menschen gibt, hat sich jeder aus dem Element Leben in das Sein nach dem Sein begeben müssen. Wenn seine Zeit da war.

Wernher von Braun, der große Wissenschaftler, sagte einmal: „Ich glaube an die Unsterblichkeit der Seele. Die Wissenschaft hat uns bewiesen, dass sich nichts in nichts auflöst." Ewige Rätsel sind es, die uns begleiten im Gedanken an solche, die vor uns lebten. Ein Mensch, der keine Lücke durch seinen Tod hinterlässt, hat in diesem Sinn umsonst gelebt. Wenn sich alles mit dem Tod auflösen würde, wo wäre ein Sinn für alles Leben ?

Kolumbus, der große Entdecker, musste an seine Theorie glauben, dass die Erde rund sei. Im Glauben ist er gefahren. Zu Horizonten, an denen jeder andere Seefahrer jener Zeit umgekehrt wäre. Erst als er den Beweis in Händen hatte, dass sein Schiff nicht abgestürzt war, wurde sein Glaube zum Wissen. Jahrhunderte nach seiner Entdeckung bleibt kein Zweifel an seiner Theorie. Wir haben Bilder unseres Planeten, die alle anderen Meinungen widerlegen.

Im Jahr 2001 sind in der Bundesrepublik Deutschland 734 475 Kinder geboren worden. 828 541 Menschen sind im selben Jahr gestorben. Das entspricht ungefähr der Einwohnerzahl von Köln oder den Städten Essen und Gelsenkirchen zusammen oder der doppelten Einwohnerzahl von Nürnberg. Somit sind in Deutschland 94 066 Menschen mehr gestorben als geboren worden.

2 881 Kinder sind im selben Jahr tot geboren worden. Von den 828 541 Gestorbenen sind 6 832 Menschen im Straßenverkehr ums Leben gekommen, darunter 213 Kinder im Alter unter 15 Jahren. Das entspricht einer kompletten Grundschule (jeweils zwei Klassen in einem Jahrgang bei einer Klassengröße von 26 Kindern). 1 865 Verkehrsopfer erreichten ein Lebensalter zwischen 15 und 25 Jahren. Der höchste Anteil der im Verkehr Getöteten kamen als Insasse oder Fahrer in einem Personenkraftwagen ums Leben (4 010), 863 wurden als Fußgänger getötet, 912 waren auf Motorrädern unterwegs. 584 Fahrradfahrer wurden getötet. Der Rest der Verkehrstoten entfällt auf Insassen und Fahrer von Bussen und anderen Verkehrsmitteln (Quelle: Statistisches Bundesamt Deutschland). Diese Zahlen reden nur von den im Straßenverkehr getöteten Personen.

Die häufigsten Todesursachen in Deutschland, dargestellt anhand der Statistik des Jahres 1999: 395 043 Krankheiten des Kreislaufsystems, 210 837 Krebserkrankungen, 51 505 Krankheiten des Atmungssystems, 40 154 Krankheiten des Verdauungssystems, 19 715 Unfälle, davon 7 302 durch Sturz, 11 157 mal war Selbstbeschädigung (Suizid) die Todesursache, 3 496 gestorbene Säuglinge, davon Kindstod 507; 130 471 Schwangerschaftsabbrüche wurden offiziell erfasst.

Die Statistik sagt auch über die im Straßenverkehr Verletzten viel aus: 504 704 Menschen wurden im Jahr 2000 verletzt, davon 45 141 Kinder unter 15 Jahren. Wiederum ist der höchste Anteil der Insassen im Personenwagen mit 309 496.

Bezogen auf die Tage, Stunden und Minuten eines Jahres bedeutet das:

Statistisch gesehen wurde in jeder Minute des Jahres 2000 ein Mensch im Straßenverkehr der Bundesrepublik Deutschland verletzt. Innerhalb einer Stunde des Jahres 2000 verstarben in Deutschland 95 Menschen aus den verschiedensten Ursachen und Gründen.

Nüchterne Zahlen eines Jahres. Dahinter stehen Millionen Schicksale Betroffener: Familien, Arbeitskollegen und Freunde. Millionen Menschen leisten Hilfe: Ärzte, Notfallhelfer, Krankenpfleger, Polizisten, Seelsorger, Rechtsanwälte, Versicherungsmitarbeiter, Bestatter, Vorgesetzte, Kollegen, Eltern, Kinder, Verwandte und Freunde. Die Aufzählung ist keineswegs vollständig.

Ändert die Kenntnis dieser Zahlen und Fakten unser Leben? Wer würde deshalb sagen: „Jetzt gehe ich nicht mehr aus dem Haus. Ich verzichte auf Urlaubsreisen und bleibe zu Hause. Ich sondere mich ab und vermeide so gut es geht den Kontakt mit dieser todbringenden Umwelt.“ Das Leben wäre nicht mehr lebenswert.

Nütze den Tag. Wie soll das gehen? Oder: Wann ist ein Tag genutzt? Nach meinem Empfinden ist nicht der Tag genutzt, der von der ersten bis zur letzten Minute ausgefüllt war. Das Resultat des sinnvoll gelebten Tages findet sich für mich im positiven Gefühl, wenn ich meine persönliche Tages- oder Wochenbilanz aufstelle.

Sie besteht aus zwei Seiten, der Aktiv- oder Vermögensseite und der Passiv- oder Schuldseite.

Unter Aktiva verstehe ich: Gute menschliche Eigenschaften, das Handeln im Sinne christlicher Nächstenliebe. Passiva: Neid, Hass, Ärger, Unversöhnlichkeit, Vorurteile, Intoleranz und anderes mehr.

Ich frage mich selbst: Habe ich meine Tage genutzt? Habe ich die 1 440 Minuten eines Tages eingesetzt, um wenigstens einmal meinen persönlichen Standort zu bestimmen? Nicht den des Partners oder der Eltern oder der Kinder, sondern meinen eigenen? Kann ich am Ende eines Tages sagen: Ja, mein Kapital wurde größer, weil ich es fertig brachte, Kräfte auf der aktiven Seite einzusetzen. Nicht nur gut zu reden, sondern auch gut zu denken und zu handeln. Das heißt nicht, willenlos alle Widerwärtigkeiten des Tages hinzunehmen. Es bedeutet auch, dass ich mir einige Minuten gönne und einmal selbstkritisch nur mir selbst den Spiegel vorhalte. Das Spiegelbild ist unbestechlich.

Nütze den Tag heißt auch: Was ist, wenn ich heute letzte Eindrücke hinterlassen habe? Wenn heute mein letzter Auftritt im Leben war? Letzte Kontakte, Handlungen und Worte sind über Jahre hinweg in das Gedächtnis eingebrannt. Ich frage mich selbst: Kann ich nach diesem Tag sagen: Alle, die mir heute begegnet sind, können sich an mich positiv erinnern? Dann war der Tag genutzt. Oft denke ich an meine Großeltern. An der Eingangstüre ihrer Wohnung hing eine kleine Holztafel. Darauf stand: „Allen Menschen recht getan ist eine Kunst, die niemand kann." Man kann es nicht allen Menschen „recht" machen. Die Frage für mich allein: Kann ich meine Handlungen an diesem Tag mit meinem Gewissen vereinbaren? Besteht noch dringender Bedarf, Dinge zu ändern, solange sie änderbar sind?

Die biblischen Worte „Lasst die Sonne nicht über eurem Zorn untergehen!“, sind eine Aufforderung, nicht im Streit oder in Disharmonie auseinander zu gehen.

Ich erinnere mich an Heiko und an eine Begebenheit, als mich mein schlechtes Gewissen einholte: Er war abends noch mit seinem Fahrrad unterwegs. Zum ersten Mal kam er nicht zur vereinbarten Zeit nach Hause. Wir machten uns ernsthafte Sorgen, weil er sonst absolut zuverlässig war. Ich ging los, ihn zu suchen. Und fand ihn nicht. Ich fuhr immer größere Kreise mit dem Auto, bis ich schließlich unverrichteter Dinge wieder nach Hause fuhr. Nirgends konnte ich ihn finden. Mit Einbruch der Dunkelheit kam er. Ich schrie ihn an und machte meinen Sorgen und Ängsten mit Nachdruck Luft. Mein Kind ließ ich nicht zu Wort kommen. Als ich fertig war, gestand er mir unter Tränen: „Ich habe für Oma einen Blumenstrauß gepflückt und habe ihn ihr gebracht. Dann haben wir noch zusammen im Garten gesessen und miteinander geredet.“ Ich war beschämt und bin es noch heute, weil ich in dieser Situation falsch reagiert habe. Ich habe ihm Unrecht getan. Er hat in seiner kindlichen Art richtig gehandelt und der kranken Oma eine Freude gemacht. Dabei hatte er nur eine Regel verletzt und ich war außer mir. Für ihn hatte das Gute Vorrang, er war sich keiner Schuld bewusst.

Carpe diem! Kein Mensch ist in der Lage, im Alleingang die Welt um sich herum umzukrempeln. Aber er kann seine kleine Welt der Gedanken und seiner Handlungsweise verbessern. Auch ein Gartenbesitzer wird nie verhindern können, dass Unkrautsamen eingeschleppt wird. Er kann aber abwehren, wenn sich die Pflanzen ausbreiten.

Heiko nützte seine Lebenszeit. Er konnte schon lesen und schreiben, bevor er zur Schule ging. Gelernt hat er es durch seinen Wissensdurst. Auf dem Tisch standen immer Mineralwasserflaschen. Irgendwann einmal fragte er: „Mama, wie heißen die Buchstaben? Bitte sage mir, wie das gesprochen wird." Immer wieder fragte er nach einem weiteren Buchstaben und lernte so lesen. Die ersten Übungen in der Schule fielen ihm sehr leicht. Weil er die neue Materie schon im Voraus kannte.

In der eigenen Trauer die Tage zu nützen bedeutet für mich auch, auf andere Betroffene zuzugehen. Wer versteht einen trauernden Menschen besser als jemand, der selbst leidet? Großartige Gespräche habe ich geführt, wenn ich die Initiative ergriffen habe. Die Nähe, die beim Versuch zu trösten entsteht, ist Trost. Nähe tröstet. Im Trauerfall allein zu sein und den Abstand und die Berührungsangst der Umwelt zu verspüren, isoliert.

Dutzende Male erlebten wir schon das befreiende Gefühl, Trauernden beigestanden zu haben. Eine Karte, ein kleiner Gruß, „Ich denke an Dich". Dieser Gruß soll zeigen: Du bist nicht vergessen und übermittelt Kraft zum Weitergehen.

Eine Raupe zieht sich zurück an einen unauffälligen Platz. Dort bleibt sie unbeweglich und vollzieht einen inneren Wandel. Irgendwann ist dieser Prozess abgeschlossen und sie verlässt als neues Wesen das bisherige Umfeld. Ihr sind Flügel gewachsen. Damit kann sie abheben von allem, was bisher zwingende Umgebung und Lebensraum war. Weg von den Ästen und Blättern, hinauf zu den Blüten, um den reinen Nektar zu saugen. Unbeschwert legt sie als Schmetterling Strecken zurück, die vorher unüberwindlich waren. Zurück bleibt die Hülle, der Panzer. Alles, was als Schutz und Mantel gedient hat. Seine Funktion ist nun abgeschlossen und wird im neuen Dasein nicht mehr benötigt.

Abheben, wenn auch nur in Gedanken. Weg aus dem Trott, dorthin, wo die Phantasie freien Lauf hat und nicht an Blätter und

Äste gebunden ist. Wer fragt die Wolken nach ihrem Weg? Wer kann sagen, wohin sie gehen? Wann ist das Wasser entstanden, das sie uns immer wieder geben?

Abheben schafft neue Perspektiven, verändert. Flügel des Willens und der Hoffnung, Mut zum Neubeginn, Ja zum Tag und allem, was er bringen mag. Und da hängen an den Flügeln die winzig kleinen Pollen. Es sind die Erinnerungen und Lebenserfahrungen, kleine und große Ereignisse unseres zurückgelegten Lebensweges, Erfolge und Misserfolge, Enttäuschungen und positive Erlebnisse. Sie begleiten und geben die ganz wichtige Sicherheit: Du kannst diesen Tag bewältigen.

Viele Begegnungen mit Menschen hinterlassen ihre Spuren. Oft entwickeln sich Unterhaltungen. So auch mit einer Frau, der ich erzählte, dass ich an einem Buch über Heiko und das Trauererleben schreibe. Sie fragte mich: „Hat sich Ihre Persönlichkeit durch den Unfall verändert?"

„Ja, weil ich seither viel bewusster lebe. Nicht in Bezug auf meine Lebensumstände, sondern darin, dass ich jeden Tag als einen geschenkten Abschnitt meines Lebens betrachte. Es ist jetzt so: Ich sehe nicht ein Grün in der Natur. Ich sehe seither hundert verschiedene Grüntöne."

Samstagmorgen, beim Bäcker. Eine Gruppe Kunden steht im Laden. Alle warten geduldig, bis sie an die Reihe kommen und bedient werden. Da schleicht sich jemand an den Wartenden vorbei. Steht plötzlich vorn und gibt vor dem, der eigentlich an der Reihe wäre, seine Bestellung auf. Was fängt dieser Mensch mit den drei Minuten seines Lebens an, die er so gewonnen hat?

An befreundete, trauernde Eltern richtete ich zum Todestag ihres Kindes folgende Worte: „Wenn jetzt die aus den Märchen vergangener Tage bekannte gute Fee käme, mit dem hoffnungsvollen Versprechen: Drei Wünsche hast du frei! Bestimmt würde es nur einen Sekundenbruchteil benötigen und der Gedanke: Unser Kind soll wieder da sein! wäre schon zum Ausdruck gebracht."

Carpe diem heißt auch: Zurück zu mir. Den Blick auf das Wesentliche, auf meine Welt zu richten. Ich will so leben, dass ich mit meinem Leben zufrieden sein kann. Meinen Tag nütze ich als das Geschenk an mein Leben. Egal, wie andere Menschen diesen Tag bewerten.

Für alle Trauernden möchte ich den Schlusspunkt setzen mit den Worten eines altirischen Segenswunsches.

Mögen sich die Wege vor deinen Füßen ebnen.
Mögest du den Wind im Rücken haben.
Und bis wir uns wiedersehn,
Möge Gott seine schützende Hand über dir halten.

Möge die Sonne warm dein Gesicht bescheinen.
Möge der Regen sanft auf deine Felder fallen.
Und bis wir uns wiedersehn,
Möge Gott seine schützende Hand über dir halten.

Heute ist Samstag, der 24. Mai 2003. Das Manuskript zum vorliegenden Buch ist in einem Zeitraum von sechs Jahren entstanden. Immer wieder ein selbst verfasstes Gedicht eingefügt, Texte verbessert, umgesetzt. Neu geschrieben. Festplattenabstürze überstanden und das Geschriebene wieder neu eingescannt.

Habe mich Jahre zurückerinnert und dabei viel geweint. In dieser letzten Fassung geht das Manuskript zu dem Verlag, der es veröffentlichen wird. Heute ist der Tag vor Heikos sechzehntem Geburtstag. Es ist Abend. Bevor ich das Manuskript abgebe, möchte ich noch einmal den letzten Teil lesen. Aber zuerst noch in die Dusche nach dem heißen Tag. Zuvor will ich frische Wäsche holen. Ziehe eine Schublade aus dem Nachtkasten. Sie fällt auseinander. Auch das noch! Wir haben heute Heikos Grab geschmückt und noch den ganzen Tag zu Hause im Garten gearbeitet. Ich bin müde. Jetzt muss ich alle Einzelteile der zerlegten Schublade in die Hand nehmen. Ich sehe gar nicht genau hin, als es plötzlich raschelt: Ganz zuunterst liegt ein Blatt Papier. Es muss schon lange im Nachtkasten liegen. Ich konnte es nie sehen, weil die Schublade darüber gelaufen ist. Ich ziehe es heraus und staune. Ein handgemaltes Bild. Von Heiko! Er malte es im Oktober 1995. Es war sein letztes Geburtstagsgeschenk an mich!

Ich kann mich nicht bewusst erinnern, dieses Bild schon gesehen zu haben. Es liegt zu viel Zeit dazwischen. Jede Ecke hat er gelocht. Mit einer gelben, einer violetten, einer roten und einer blauen Schleife hat er die Ecken verziert. Hat sich mein Sohn eine Arbeit mit dem Bild gemacht. Als ob er gewusst hätte, dass dies das letzte Geburtstagsbild wäre!

Auf der Rückseite schrieb er mit Tinte:

„Lieber Papa. Alles Gute zum Geburtstag wünscht dir dein Heiko.“

Darunter malte er eine gelbe Vase mit einer roten Dahlie. Das Blatt ist in der Mitte gelocht. Er hat einen Faden durch die Löcher gezogen. Zum Aufhängen. Und vorne ist das Bild: Ein See. Er hat die Form eines Herzens. Oben am Herz strömt Wasser in den See. Auf dem See schwimmt ein Entenpaar. Man kann Erpel und Ente an den naturgetreuen Farben gut voneinander unterscheiden. Vor ihnen schwimmt ein weißer Schwan auf dem Wasser. Er hat schon fast die Uferzone erreicht. Ganz rechts außen im Bild ist ein zweiter Schwan: Er fliegt über einen großen Baum. Der Blick des Vogels geht aus dem Bild. Alle dargestellten Tiere bewegen sich von rechts nach links. Nur der fliegende Vogel ist in entgegengesetzter Richtung unterwegs! Direkt am Seeufer watet ein Storch. Sein Schnabel zeigt auf einen Fisch, der unter dem Entenpaar im Wasser schwimmt. Als beobachtendes Tier steht ein Graureiher im Sumpf, dessen Schilf mit vielen verschiedenen Grüntönen dargestellt ist. An einem Stamm huscht ein Eichhörnchen hinauf.

Das Bild hat keine Wolken und keine Sonne!

Danke, Heiko. Immer sind Spuren deines Lebens vorhanden. Sie tun sich auf, wenn wir sie nicht vermuten. Du bist ein wunderbares Kind.

Wir lieben dich. Immer !

Epilog

An warmen Sommerabenden zirpen die Urenkel von Heikos Grillen vor dem Haus. Wir lachen uns an. Immer wieder erinnert etwas an unser Kind. Unser kleiner Sohn fragt: „Mama, haben wir schon immer in diesem Haus gewohnt?“ „Nein.“ „Wo war dann ich?“ „Da warst du noch nicht geboren.“ „Wer hat dann hier gewohnt?“ „Sonja und Heiko, ich und Papa.“ „Aber Heiko ist doch Sonjas Freund!“ „Nein, Heiko ist euer großer Bruder.“ „Aber ich möchte ihm doch Hallo sagen!“

Bundesverband Verwaiste Eltern in Deutschland e.V.

Fuhrenweg 3
21391 Reppenstedt
Tel.: 04131-680 32 32
Fax: 04131- 68 11 40
e-mail: kontakt@veid.de
Web-site: http://www.veid.de

Hier erhalten Sie Informationen über Selbsthilfegruppen, Trauerseminare, Kontaktlisten, Aus- und Weiterbildung für Trauer- und Gruppenbegleiter und Informationsmaterial, Bücher und Broschüren zu diversen Themen.

AUS TRAL IEN

SYDNEY

INSIDER-TIPP
Deine Abkürzung ins Erleben!

Reisen mit MARCO POLO Insider-Tipps

MARCO POLO TOP-HIGHLIGHTS

BLUE MOUNTAINS NATIONAL PARK 1
Die Wildnis vor den Toren Sydneys – endlose Wälder, steile Schluchten und heilige Stätten der Aborigines.

➤ S. 52, Sydney

KAKADU NATIONAL PARK 2
Felsmalereien, Krokodile und geheimnisvolle Natur findest du im tropischen Norden des Kontinents.

➤ S. 114, Northern Territory

GREAT BARRIER REEF 3
Das Riff vor der Küste von Queensland ist ein Muss für Taucher, Segler und Naturbegeisterte
Tipp: Auf Lady Elliot Island brauchst du keine teure Unterwasserkamera. Das Riff beginnt direkt vorm Strand.

➤ S. 86, Queensland

OPERA HOUSE 4
Das muschelförmige Bauwerk am Hafen von Sydney ist ein Designwunder – und eines der Wahrzeichen von Downunder.
Tipp: Toll ist der Blick auf die Oper von der nördlichen Spitze des Domain (nahe Mrs Macquaire's Chair).

➤ S. 43, Sydney

ULURU-KATA TJUTA NATIONAL PARK 5
Hinaufklettern darfst du heute zwar nicht mehr, dennoch ist und bleibt der imposante Uluru (früher Ayers Rock) ein Muss.

➤ S. 119, Northern Territory

BAROSSA VALLEY 6
Wein, Schwarzbrot, Räucherschinken – und historische Dörfer in lieblicher Umgebung.

➤ S. 149, South Australia